大有文库

近代中国启蒙运动史

何干之 著

中央党校出版集团 大有书局

图书在版编目（CIP）数据

近代中国启蒙运动史 / 何干之著．-- 北京：大有书局，2022.4

（大有文库）

ISBN 978-7-80772-055-3

Ⅰ．①近… Ⅱ．①何… Ⅲ．①思想史－中国－近代 Ⅳ．① B25

中国版本图书馆 CIP 数据核字（2021）第 227073 号

书　　名　近代中国启蒙运动史
JINDAI ZHONGGUO QIMENG YUNDONG SHI
作　　者　何干之　著

责任编辑　张媛媛
责任校对　李盛博
责任印制　袁浩宇
出版发行　大有书局
（北京市海淀区长春桥路 6 号　100089）
综 合 办　（010）68929273
发 行 部　（010）68922366
经　　销　新华书店
印　　刷　北京中科印刷有限公司
版　　次　2022 年 4 月北京第 1 版
印　　次　2022 年 4 月北京第 1 次印刷
开　　本　145 毫米 ×210 毫米　1/32
印　　张　7.75
字　　数　134 千字
定　　价　30.00 元

“大有文库”出版说明

习近平同志指出，那些在历史长河中经久不衰的经典，都体现了文学家、艺术家襟怀和学识的贯通、道德和才情的交融、人品和艺品的统一。

大有书局是由中共中央党校（国家行政学院）主管主办的一家中央级出版社，以传播马克思主义，特别是宣传出版习近平新时代中国特色社会主义思想为主旨；以出版高品质、高品味图书和文化产品为引领。成立伊始，我们深感自身的使命与担当，立志于记录老一辈革命家和学贯中西的名家大师的思考与探索、理想与追求以及对中华民族文化传承与创新所作的努力和贡献。谨以我们赤诚景仰之心，追步先贤，以“传播新知，开启民智”为原则，现向广大读者奉上“大有文库”系列图书。

“大有文库”所选图书多为20世纪以来中国思想家、

史学家、哲学家、社会学家的经典作品，皆是在当时历史背景下产生过巨大影响，在当下仍具思想性、原创性、学术性以及珍贵史料价值且富有持久生命力的优秀作品。书中字里行间蕴含着博大情怀和深刻思考，展现了老一辈革命家和名家大师深厚扎实的理论功底、直面社会现实的智慧和勇气、纵论古今的宽广视野和饱含深情的个人情怀。希望广大读者特别是党政领导干部通过阅读经典感受中国传统文化的深厚底蕴，了解中国社会的发展变迁与国人的文化自觉，提升思想境界与自我修养。

为满足广大读者的阅读需求，在保证质量的前提下，我们尽量尊重作品原貌，充分展现作品的原汁原味。同时，我们以初版或经著译编者审定、修订、增订过的版本为首选，希望通过我们的努力，呈现给读者一套具有阅读品质与视觉品位的作品。

大有书局

2022 年 3 月

目　录

001　第一章　启蒙运动的意义及其社会基础

014　第二章　新政派的洋务运动

014　一、东洋社会的停滞与新政派的变法

030　二、中学为体西学为用的洋务运动

042　第三章　戊戌维新运动

042　一、甲午战争与洋务

048　二、康有为的反古思想及其空想主义

058　三、谭嗣同的个性及其思想

070　四、梁启超的民权思想

078　第四章　“五四”新文化运动

078　一、“五四”文化运动的社会基础

091　二、民主主义与政治改革

100　三、科学的方法与新世界观

112　四、反对礼教与思想解放

125 五、个人主义与个性解放

132 六、文学革命运动与社会运动

139 第五章 新社会科学运动

139 一、启蒙运动的第一次否定

146 二、怎样认识现代中国社会构成

161 三、怎样认识中国社会的历史过程

177 第六章 国难与新启蒙运动

177 一、启蒙运动的第二次否定

185 二、新启蒙运动的提出

204 第七章 目前思想文化问题

204 一、新启蒙运动是文化思想上的爱国主义运动

211 二、新启蒙运动是文化思想上的自由主义运动

218 三、新启蒙运动是理性运动

225 四、新启蒙运动是创造现代中国新文化的运动

229 五、新启蒙运动与哲学家

233 六、新启蒙运动与经济学家

第一章　启蒙运动的意义及其社会基础

启蒙二字，从它的字义来说，是开明的意思，也即是“打破欺蒙，扫除蒙蔽，廓清蒙昧”。更显浅一点说，就是解放人们头脑的束缚，教他们耳聪目明，教他们了解为什么，了解怎样做。在奴隶社会里，在封建社会里，奴隶们、农民们，是没有这样的福气的。他们受着奴主与地主的鞭挞，已上气接不了下气，所谓文化，与他们是无缘的。而且奴主地主，也乐得他们愚蒙、迷信、盲从。在这样的社会中，是没有所谓启蒙，因此在奴隶社会或在封建社会，从来听不到有所谓启蒙，有所谓启蒙运动。

启蒙运动是资本主义兴起以后的产物。在封建社会末期，已有了资本主义的萌芽。那时资本主义虽然代表着推动生产力的新生产关系，但谁战胜谁的问题却仍未曾解决。从来就没有一个社会在新旧转变之中，旧的统治者无条件地会把政治的优越权拱手让人，中间必不免有一场恶战。在封建贵族对特权不肯罢手、新兴市民又未取得支配的时候，新旧的决斗，在封建制与资本主义制的交替中，各国历史都没有例外。新兴市民，想自己居着有利的地位，不得不拉拢其他社会阶层为自己的同盟军，农民、工人，都是他争取的对象。为着这一个目的，为着打破贵族的特权，建立自己的支配，不能不先批判封建思想。文艺复兴的标帜——人的解放，是启蒙运动；十八十九世纪各国唯物论者、无神论者、自然科学者都是反封建的战士，都是启蒙运动者。启蒙运动是以理性为主宰的。当然，市民所提倡的理性，是只适应于市民社会的理性，超过这一个界限，不论是怎样合理的东西——也被视为异端。但我们切莫有丝毫的偏见，以为市民所主倡理性不彻底就过小评价它的价值。不是的，十八世纪以来的唯物论者、无神论者，为市民争取自由、平等、博爱所尽的大功劳，固然不可以道里计，同时对于下层民众，也种了不少自觉的种子，便利了他们的社会解放。

记得有一个旷世的哲人说过这样一句话：越到东方来，市民就越无能、越懦怯。所以，以东方市民为中心的启蒙运动，也免不了它的狭隘性。但东方社会彻底完成民主运动的是下层国民。从这一点来看，越到东方来，真正的启蒙运动又必越加彻底。试拿中国来做例子，民国十六年以前的启蒙运动和民国十六年以后的启蒙运动，显然划分了两道鸿沟，这正是以下层国民为中心的启蒙运动的模范。

中国启蒙运动，不用说也是随着资本主义出现的。鸦片战争是新旧中国的转变点。鸦片战争以来，曾李的洋务运动、康梁的维新运动、辛亥反正的三民政策、“五四”时代的文化运动、国民革命时代及其以后的新社会科学运动等，都是与一百年来中国社会的经济机构、政治形态，与中国资本主义，互相适应的。这一百年中，中国社会向着两个方向发展。第一，从前中国是一个独立的国家，用我们自己的话来说，是天朝；但在一百年前，这天朝已遭资本主义的威力所压服了。经过了鸦片战争、英法联军战争、太平革命、义和团事变、辛亥、“五四”、“五卅”、国民革命这些有划时代意义的事变，可怜这个古老的独立的国家，已变成一个列强所共同追逐的理想对象了。形式上这个老大的大国，虽然维持着独立的外貌，但实质上早已事事要听人指挥操纵，一丝一毫的国事，也都要受着他人的干涉了。无论在经济上，在政治上，外资都要站在左右全局的地位。这一路径是半殖民地国家的标本。第二，这一百年来，封建经济在中国，的确是渐趋于没落的途中了，资本主义的要素也的确一天天生长起来了。但封建经济的衰落非常迟慢，非常呆滞，资本主义的兴起也非常艰苦，非常曲折。这些是有外在和内在条件的。所以在这个很长的时期中，该死的不能立即死了去，该长的不能及早发芽繁茂，停滞在过渡形态中，新的萌芽未开花结子，旧的要素仍顽强地留在人间。这些无所不包的景象，是半封建社会经济的特质。这两种性质是不可分的，有了半殖民地的性质，中国社会必定保存着旧的封建关系，有了半封建的特质，又加强了中国的殖民地化。这样的矛盾要素纵横交错的社会，就是中国社会的轮廓了。

在这样的社会里，除了极少数保守分子，与没落的世界，结了不解缘之外，其他千千万万的被压迫民众、市民、中等社会、农民、劳动分子，都要起来与束缚中国社会的物质生产力的当前障碍物奋斗的。这障碍物就是三岁孩童都懂得的帝国主义和封建分子。反帝反封建的革命运动，就是目前中国社会运动的主流。中国要想从水深火热的陷阱中解脱出来，非与这些当前的保守力量，作决死的抗争不可。很明显的，与这社会运动相一致的思想运动，本质上一定是反帝反封建的。在近一百年的中国，最初的思想运动是曾李的洋务运动与康梁的维新运动。曾国藩、李鸿章、张之洞等新政派所提倡的洋务，是吃了帝国主义的大亏以后的自我觉醒，不论他们的眼光是如何短视，容量是如何狭隘，也不能不对妄自尊大的天朝，起了一个重新估定的观念。他们感觉到枪炮不如人，轮船机器也不如人，非急起直追，必受天演公理所淘汰。这点薛福成说得最有道理：

> 若夫西洋诸国，恃智力以相竞，我中国与之并峙，商政矿务宜筹也，不变则彼富而我贫。巧工制造宜精也，不变则彼巧我拙。火轮舟车电报宜兴也，不变则彼捷而我迟。约章之利病，使才之优绌，兵制阵法之变化宜讲也，不变则彼协我孤彼坚我脆。(《变法》)

这几句话可以代表当时一班士大夫对于救亡运动所走的途径。

康有为对于孔学的怀疑（《新学伪经考》和《孔子改制考》)，对于新社会的憧憬（《大同书》)，和他四次公车上书，是表示在破碎的国土里的一种上层分子的改革运动。康有为的私淑弟子谭嗣同的《仁学》，更是一本有胆色有见地的著作。他大声疾呼，叫人“冲决罗网”叫人反古（他说过一句很有趣的话：“古而可好，则何必为今之人哉？”

这句话虽然有点武断，但也可见他对于传统思想所抱的不妥协态度）。梁启超提倡民治主义（《新民说》），提倡新道德，更足表示那时上层士大夫的国体观念是怎样。但在那时候，中国还没有雄大的资本主义力量，作为这一革新运动的主动力。那时可称为新兴产业的只不过是几种初创立的军事工业。既没有新兴的社会动力，仅以公车上书的形式，来拥护一个无权无力的开明君主，与根深蒂固的恶势力相对抗，必然经不起保守派的一击。果然，西太后下一道令，政变就化为乌有，牺牲了六君子。而光绪皇帝也被西太后监禁起来。而且康有为本是一个官僚的子弟，他从小就受着孔孟学说所渲染。他并不是要彻底接受西方文明，而是以东方文明为主，只在某一程度内来接受西方的文明。

戊戌政变既没有社会的基础，而思想运动也只停留于中途半端。康梁的维新并不是彻底要把人从古旧的东方文化中解放出来，而只以东方文明为主体，部分地输入西方的思想。这与张之洞的“中学为体，西学为用”的论调，其实并没有本质的差别。

由上而下的维新运动，和由下而上的义和团运动失败以后，在那一二十年之中，列强的资本势力是更加稳固了。那时资本主义已进入帝国主义阶段，对于殖民地工业化过程的妨碍作用，更趋于保守的了。腐化的满清政府，也更加暴露了它的无能和媚外，已经再不能收拾动摇着的民心了。民族资本主义企业，也渐渐有点基础（由一九一〇年至一九一一年，民间企业设立了一七七所）；尤可注意的是华侨资本的突起，要求建设现代产业，要求扩大资本主义生产。这种要求，使他们联合起来，先来打倒屈服列强的清廷。在那时候，与这种经济上政治上的要求相适应的思想运动是民族、民权、民生三大原则。

可惜这一民主运动的社会基础，依然是非常脆弱，迫着三大原则的创造者孙中山先生，要从日本留学生中，从海外华侨中，找寻他的信徒。从这些人中来找寻信徒，当然有很大的限制，而且他们能接受孙中山先生的思想体系的，也没有多人。他曾说乙酉以后，对他的革命主义能了解的，不过亲友几个人。甲午赴檀香山，创立兴中会后，同志也不过数十人。庚子以后，知识分子对革命又起了“动念”了。他们对革命要求非常模糊，只是对满清政府表示不满，但对平均地权，却并不大关心。因此自民国革命成功以后，党人对于孙先生的主张，差不多认为理想太高，不适用于中国。

辛亥革命留下我们两种教训：

（一）辛亥革命没有坚实的民主要素，所以在实践中失了主导的作用；

（二）思想运动不能够与民众运动联系起来，不能利用思想运动作为政治运动的前驱及其后卫。

辛亥革命有这样的大缺陷，就变成不伦不类的反正了。但是在民国革命后的三年，震撼全世界人士视听的世界大战又发生了。在这一次大战中，因为无论协约国方面或同盟国方面，都专心一意应付战场上的敌人，既不能在东方市场伸张势力，而国内食粮及其他日常用品，反靠东方各国的供给和补充。只剩下中立的美日两国，仍在中国市场上纵横驰骋，尤其是日本，在金融上、在财政上、在工业上，布置了新的天罗地网。在那时候，中国的新兴工业也膨胀起来了，中国民族资本，在帝国主义压迫的放松中兴起了。这一民族资本的全盛期，引起了被称为文艺复兴的"五四运动"来了。

那时新文化运动的大本营是《新青年》。文化运动的标帜是提倡民主，提倡科学，提倡白话文，提倡怀疑精神，提倡个人主义，提倡废孔孟，铲伦常。这些标帜，都有一定的社会意义，就是接受资本主义文化，反对封建思想。民主主义是资本主义的政治形态；科学是资本主义的思想体系；个人主义、怀疑精神，是指示个人的解放，是对独断、对礼教、对盲从、对迷信的一种抗议。白话文运动是一种文字改革运动。它的意义在于用最接近口头语的白话文，来表情达意，来做表达科学、表达文艺的工具。对孔孟，对伦常，提出废止或铲除，那是表示对一二千年来束缚人们的礼教的抗议。虽然这一运动是由中间层知识分子喊出来，但这资本主义性的文化运动，却有与它相一致的社会基础，所以由于急进知识分子的一呼，北京学生的一动，全国各层民众就来了一个广泛的响应了。

所可惜的是中国资本主义有先天和后天的缺陷。先天的缺陷是资本主义不能全靠自力诞生，而必须靠外力促成。后天的缺陷是新兴工业在外压力的松懈中兴起，一等到大战平息了，旧有的外压力回复以后，中国的工业化过程，又遇着最大的暗礁了。并不是说中国工业化没有丝毫的进展，而是说工业化过程是停滞了。这一新的危机，使新文化运动的领导人物分了手，一派向着整理国故的路上走，一派却向着科学世界观的大道迈步前进。被扬弃的《新青年》，就是后一派的代表。

如果“五四运动”，是民主运动的前驱，一九二五年的国民革命，可说是民主运动的实际表现了。“五四”启蒙运动，经过了十多年的启蒙工作，从评判中国的旧思想到输入西洋的新思想，从写白话诗到写社会科学著作，从输入到创造，从辩论文学革命到争论科学与人生观，从抨击儒学到争论哲学方法论等，这些对于上下各阶层的人民，在头脑方面，确已有了相当重大的影响。加上革命政治集团的携手合作，革命纲领的从新估定，于是革命的势力，由狭小的广州一隅，分布到全省，由广东分布到珠江流域，再至长江流域，最后到全国经济政治文化的中心地——上海来了。

所可惜的是这时代的文化思想运动，也做得非常不够。虽有了“五四运动”以来的宝贵成果，作为这一运动的基础，但在社会运动的过程中，思想运动是常常落在实践的后面。不仅落后了一大步，并且所谓思想运动，总跳不出标语口号的圈子。也许口号标语，也有它应有的意义和作用，但思想运动只限于标语口号，民众对于实践的了解只知其然而不知其所以然，决不能把理论变成运动者的血肉，变成他们的实践方针。实践只是命令，上下的关系，也是命令的关系，这对社会运动是非常不利的。不久，运动又退潮了。政治的退潮，固有许多政治上经济上的原因，但从文化方面看来，思想运动的狭隘性、肤浅性，确是一个极重要的因子。为着填补这一个空白，准备更高形式的社会运动，于是新社会科学运动，新文学运动又来了一次高潮。在那时候，新社会科学体系的翻译（哲学、经济学、政治学、历史学）新文学理论的介绍，在思想改造中，播了不少革命的种子。更可注意的是几年来关于中国社会性质与社会史的论战，在思想界激起了一个大波浪，使青年学子，对于社会的再认识，有非常重大的意义。古典著作和入门浅说的介绍或翻译，只不过是搬运西洋文化的最高最新的成果到中国来，而社会问题的分析讨论，是根据科学的方法来再认识中国社会的构造。前一种工作是输入文明，后一种工作是创造理论。这种输入和创造工作，是更高级更深入的社会运动的准备工作，所以也能得到最强有力的社会力量的同情与赞助。

不久，东北的烽火，已由远东侵略者燃烧起来了。这无情的烈火，焚毁了东北原野，烧遍了华北平原，如今又蔓延到华中华南来。这个历史上的惨变，使中国社会经济各方面，都发生巨大的变化，威胁到中华民族的生存权，使每一个国民，无论贫富贵贱，男女老幼，智贤愚不肖，都要重新考虑民族的安危，考虑个人的存亡了。这种转变和要求，是以前任何时代所没有的。由戊戌以至目前的救亡运动，从社会性质来看，可以说是一个民主主义运动。但从社会关系来说，各时代都有当时当地的特点。洋务运动、戊戌政变，只限于少数开明官僚的自我觉醒。这觉醒是由上而下，不是由下而上，是不彻底的。辛亥革命只影响了一部分华侨与学生，与大多数国民不相干。“五四运动”

只解放了一部分市民和中间层知识分子，也与大多数民众不相干。国民革命及其以后的社会科学运动，只唤醒了南方各省和长江一带的民众、城市产业分子、一部分文化人。而目前的救亡运动，抓住了全国上下利害不同的社会层。抗敌救亡是极艰苦极长期的工作。从统一这一点说来，团结同一利害的人并不难，联合各种利害不同的人，是艰苦得多了。需要宽容，也需要耐心。从救亡这一点说来，我们不只要高举我们的铁锤，粉碎了敌骑，使他们绝迹于太平洋沿岸，解放了一切束缚着我们的不合理压力，并且要在这一伟大的运动中解决了社会问题，使中国不再走着西方资本主义的老路，和平地达到社会问题的解决。我们不只要求民族的解放，同时也要求社会的解放；要在这一个历史行程中完成两种任务，所以责任格外艰巨，问题格外复杂，工作格外辛苦。

这一社会运动，必须有一个坚实的思想运动做它的前驱，那是不用说的。抗敌救亡既然打破以前一切社会运动的狭隘性，包括一切爱国分子，一举而解决民族的社会的两重任务，因此，与文化适应的思想运动，我们叫它作新启蒙运动，是过去的洋务运动、维新运动、“五四”文化运动、新社会科学运动的最高的综合。它继承着以前的启蒙传统，而展开一个全民族的（非民族的分子除外）思想解放的抗争。我们目前的思想运动，是要彻底解放我们全国国民的头脑，使大家了解国难的来源及其出路，使我们了解统一运动的社会基础，使我们了解共同解除国难，共同创造有光有热的未来的光明。

第二章　新政派的洋务运动

一、东洋社会的停滞与新政派的变法

无论哪一种思想文化运动，都不是无头无脑的运动，必与当时的社会生产状态，有不可分的关系。我想用这个根本的观点，来解释中国思想史，是恰当不过的。一提到中国古代社会，人们的头皮好像皱了几下。因为中国古代社会，还在未发掘的地底里，还在未读破的古书中。有许多人怀疑中国社会走着另一条路子。拉丁、日耳曼、斯拉夫、盎格罗撒逊、大和的子孙所走过的路，不是黄帝子孙所走的路。因此中国奴隶制由什么时候起至什么时候止，奴隶制到底是什么样子这些问题，固未有了结，甚至连中国究竟有没有古典制度这问题，也有人存着极大的疑问。

对于中国封建制度，也各执一说，争辩不休。

但我们是否走着另一条路子？关于这问题的争论，我曾写过一本小丛书。日本史学杂志《历史》最近（七月号《东洋社会的特殊性特辑》）又提起这个问题。其中以中国古代社会史为研究对象的有三篇文章：

（一）森谷克己：《社会经济史中的东洋特殊性》；

（二）佐野袈裟美：《中国封建制的成立过程及其特性》；

（三）秋泽修二：《东洋古代社会构成的特质》（《东洋哲学史》第二部第一章：《中国社会和科学》，是中国社会史的鸟瞰）。

凡研究过日本历史文献的朋友，对于他们三人，想必不至陌生。森谷的中国社会史（指《中国社会经济史》——编者注），在中国已有三种译本。这本书不只对于我们研究历史的人有很大的参考价值，在日本也有很大的影响。佐野的《中国历史读本》，也有了中译本。这本书是根据最新史学知识写成的，当然也发挥着它固有的价值。秋泽修二是一位多才的学者，对于哲学、历史、宗教，都有湛深的研究。近一年来，对于奴隶社会史、哲学思想史的贡献特别丰富。

在《编辑后记》里，有这样的一段话：

> 亚细亚生产方法论争以来，东洋社会的特殊性，也依然在黑云雾中。本号特地从各种立场上来观察，企图脱出以前的论争，使这问题达到一个新阶段。（一四〇页）

森谷先批评郭沫若，因为郭沫若“硬生地把西洋社会史的公式，套上中国古代史”。这“尝试”是“不对”的（三页）。佐野曾说西周是奴隶社会，只是大量保存着原始公社关系而发生了变态。森谷以为佐野并未举任何必然性而认定周代一定是这样的社会（四页）。他又批评白云南教授，批评津田博士，批评猪俣津南雄，批评科洼列夫、布李郭阵、雪哈尔德。但一说到中国古代史，他始终执着过去的论调：

> 亚细亚生产方法这概念，很显然的就是经济时期中的一个社会体系，是社会发展中的一个时代。

这是森谷克己的老调。这老调所以不能成立，因为亚细亚生产方法并不是一个社会构成，而且这一概念，也不能当作与原始社会相等，抹煞了它的阶级性。

秋泽对于中国社会史，提出了一个新见解。他以为殷朝社会是氏族社会；周朝（由西周至秦）是奴隶社会；由秦汉至隋唐，是奴隶社会转入封建社会的过渡形态；唐宋以后至清代末叶，是纯正封建社会；清末以后，是封建制衰落资本主义兴起的社会（《历史科学》二三页，《东洋哲学史》二〇九页）。秋泽努力把一般与特殊作统一的观察，时常顾虑到社会史的一般发展，又强调中国社会的特点。这点他是成功了的。特别是他对于中国哲学史的见解，是独到过人，富于启示的。不过有一点很值得注意，由秦汉至隋唐这一千多年（由公元前二三世纪至公元七世纪）中，是奴隶制转入封建制的过渡社会。

> 在这时期中（由秦汉至隋唐——干）奴隶制开始让位于封建制，社会发展的基本路线是朝着封建制度前进。然而，社会不是一下子就达到这个基本路线。奴隶制没落了，接着而来的是农奴制。但在奴隶制的旁边，又有与它相对抗的农奴制；奴隶制不是一直线向着农奴制前进。农奴制兴起了同时又再逆转为奴隶制，那时期就是中国社会史的特点。即是农奴制一发展就蚕食奴隶制，但农奴制发展到了某点，又颠倒过来，再逆转为奴隶制了。（《历史科学》三九页，请参看《东洋哲学史》二一六页）

汉秦时代，奴隶制依然是社会制度的根本要素。（三八页）

在中国，现物地租，有时是国家租税的主要部分。但是要把它当作建立在土地国有制之上的国家封建主义，那是大错特错的。（《东洋哲学史》二一七页）

读了这几段话，想必有这样一个感觉：秋泽的用语实在太不明确了。由秦汉至隋唐，他忽而说是过渡形态，忽而说是二元社会，忽而又说是奴隶社会。我想这些是很难成立的。究竟由秦汉以至隋唐是东洋封建社会（保留着公社关系和奴隶关系），抑或如秋泽所说是过渡型、交错型、奴隶型呢？我是赞成前一说而反对后一说。这点秋泽不免有些混乱，但他有一段关于中国社会历史特点的话，说得非常得当。

在中国社会中，农村公社遗制，农村公社关系，可以说是农业与手工业直接结合的基础，它对于中国社会史，多少给予一些影响。专制主义，中央集权官僚制，是中国封建社会史的特点。但这一政治形式的出现，可以说中国存在着孤立的公社，存在着统一农业和手工业于一炉的公社关系的缘故。在中国社会史

> 中，农村是社会的基本单位。但在农村中，虽然土地私有制是发展着，可是也还多少保留着公社的关系。（《东洋哲学史》二二七页）

这段话是描写中国社会停滞的历史根源。农村公社的残余，使中国社会长期停滞这是认识的要点。对于中国古代史，秋泽的见解虽仍不免有些不对，可是他明确地指出社会停滞的根源是非常确当的。

佐野袈裟美的《中国封建制的成立过程及其特性》，主要是说明奴隶制转入封建制的过渡形式。凡读过《中国历史读本》的人都知道佐野大体是采纳郭沫若的古史观，认定西周是奴隶制，春秋至战国是奴隶制转入封建制的过渡期，秦汉至清末是封建制。这本书的第二篇第四章第二节《由奴隶制转入封建制的过渡时期》，主要也是分析春秋战国时代的社会性质。这一篇文章，只不过更明确地解释这个问题罢了。他指出周灭殷的时候，被劫夺的土地、被征服的殷人，都是公社的所有。后来公社中的有力者，把土地集中起来，于是氏族公社就化为父家长制。这个倾向不断地发生为土地为奴隶的战争。这种记事，见于《左传》。战争的结果是大并小，强吞弱。到了春秋时代，剩下来的国家，已没有多少了。周初有一千八百国，春秋初年，还有一百六十余国。到了战国时代，却只有七雄，就是齐、楚、燕、赵、魏、韩、秦。七雄的对抗，使奴隶的供给更不便了。《春秋·宣公十五年》（公元前五九四年）有“初税亩”的记事。税亩是征收地租，即是放弃奴隶劳动，采取农奴劳动。鲁、楚、秦都有这样的记事。这是封建课税法初出现的记载。

然而奴隶制的衰亡，封建制的兴起，除了奴隶供给的源泉涸竭以外，颇值得注意的是农业生产技术的进步。战国时，民间已渐渐通用铁器，用铁作农具对于农业生产，有划时代的意义。因为有铁器的使用，才可以深耕。《孟子·梁惠王》篇所说的深耕易耨，就是这个意思。那时又开始了牛耕（《论语·雍也》），发明了施肥法，又开运河，筑河堤（《史记》）。这些农业生产力的发展，使奴隶制生产陷于矛盾的地位。于是所谓奴主（诸侯）有许多是没落了，有些是投胎了；初税亩，就是表示封建生产关系的初现。

以上是那篇文章的要点。说到中国封建社会史，佐野又以为秦汉是中央集权封建制的成立时代，隋唐是中央集权封建制的全盛时代，宋元明清是中央集权封建制的沉滞与发展交错时代。这分期对与不对，那是另一件事，要注意的问题是中国封建制是凝固了二三千年。

> 中国封建社会，有它独有的发展路线。虽然王朝一起一伏，盛衰兴亡，旋转不已，然而，王朝的革命并不是单纯的反复。途径虽然曲折，但仍慢慢地前进着。(《中国历史读本·序》一页)

上文乍看起来，好像是下笔千言，离题万里。其实千言万语，无非要说明中国社会的特殊形态。本来这一点我在《中国社会史问题论战》中，已把十年来的史料，作过一次有系统的整理评判，如今根据新的材料，再来考察一次。对于中国封建制，原则上我是赞同郭沫若、佐野袈裟美的见解。在这二三千年中，中国社会制度是凝固了，同时中国人的头脑也固定了。汉代的经学是训诂的、宗教的儒教。六朝的清谈思想，是出世的老庄思想与佛教思想的化身。宋学的“格物致知”，是一种科学方法，可是到了王阳明，对于宋学的格物尽理这客观主义，反抱着拒绝的态度，而主倡心即理的主观观念论。清代的考证学，有很浓厚的学术精神，但学者的精力只放在故纸堆上，作雕虫小技的考证训诂功夫。总而言之，一两千年来，人们的智慧都给顽固的孔孟思想、出世的老庄佛教思想所蒙蔽，所湮没了。人们在深井底下养成小视天下的自尊自大心理，那是当然的，人们倘在狭隘的圈子里生活，自然眼光如豆，见识鄙陋。“秀才不出门，能知天下事”，这句话足以代表当时士大夫的荒谬心理。他们以为读熟了儒学的经典就什么都懂了。礼教、成法、保守，是他们的信条。大家跳来跳去，总跳不出儒学的手掌心。他们把古代圣王的礼法，看作“施诸四海而皆准，行诸百世而不悖”的教理，把封建礼法，当作万古不易的信条。尧舜禹汤文武周公孔孟是万世的师表。这种思想的穷困和思想的统制是专制主义支配下所必有的结果。

中国思想的停滞，那是东洋社会停滞的反映。可是自从西方资本主义的压力东来之后，这种停滞状态已被打破了。并不是说，中国封建社会可以顺畅地进入资本主义；并不是说，中国社会已脱了古旧的衣裳，换上了近代的时装。不是的，中国还没有这样的好福气。也并不是说，中国历史上没有被征服的现象，可是历史上的征服民族，如秦的匈奴，晋的五胡，宋的辽、金、蒙古，明的满洲，无论被征服的现象是怎样不同，但有一点是共通的，就是历史上的征服民族，都是游牧民族，生产水准，远不如中国社会。他们虽然在政治上征服了我们，但在经济上、文化上，中国始终可以说是征服民族。然而今日的征服已完全不同了。征服者是帝国主义国家，而被征服者是封建社会。客观上中国确已近代化了，但主观上帝国主义时时刻刻都妨碍着中国的工业化过程，中国社会已陷于万劫不复的火坑中了。一向，我们在门罗政策之下过着称孤道寡，过着单调的生活。如今海禁打通了，“天朝”以外，还有更文明更强盛更进步的“天朝”。一向我们妄自尊大，以为我们是天下第一。殊不知“自安于简陋的生活”而“不求物质享受的提高”的、“自安于愚昧、自安于不知不识”而“不求真理的发见与技术器械的发明”的、“自安于现成环境与命运”而“不想征服自然，只求安天乐命”的东方文明，与今日的“钢铁世界”，与今日的“汽机世界”，与今日的“电力世界”，与今日的科学世界一拼之后，人人都感觉到万事都不如人。人家有钢铁，我们只有木器；人家有机械工业，我们只有手工业；人家有电灯，我们只有火油灯；人家有汽船，我们只有帆船。于是一败于鸦片中英战争，再败于英法联军战争以后，人们对于彼我的观念，就有极大的变化了。过去的天朝观念，也站不住了。至少要公认西洋物质文明的威力了。人们如果更敏感一点，回忆一下乾隆大帝对着英国使者所表示的傲慢态度，是格外有趣的。

> 至尔国王（英）表内恳请派一尔国之人，住居天朝，照管尔国卖买一节，此与天朝体制不合，断不可行。向来西洋各国有愿来天朝当差之人，原准其来京。

但既来之后，即遵用天朝服色，安置堂内，永远不准复回本国。……今尔国王欲求派尔之人，居住京城，既不能若来京当差之西洋人，来京居住，不归本国，又不可听其来往常通消息，实为无益之事。……是此事断断难行，岂能因尔国主一人之请，以致更张天朝百年法度？

天朝物产丰盈，无所不有，原不假外夷货物，以通有无。……天朝尺土，俱为版籍，疆址森然，即岛屿沙洲，亦必划界分疆，各有专属。……天朝自开辟以来，圣帝明王，垂教创法，四方亿兆，率由有素，不敢惑于邪说；……

这是乾隆大帝给英国使者的两通敕谕。回报的使者，有没有把这个傲慢东洋君主的敕谕，一句一句地翻译出来，译出后英国听了又作何感想，那就不得而知。可是在这两通敕谕中，至少可以看出三件事：

（一）天朝无所不有，用不着同洋人贸易，互通有无；

（二）天朝尺土都归版籍，这是独立国家君主的口吻；

（三）儒教定于一尊，一切西洋文物制度，都是邪说，禁不仿效。

英使东来谒乾隆大帝，原在一七九二年，与鸦片战争

（一八四〇年）相隔不过四十八年，与英法战争（一八五六年）也不过相隔六十四年。仅仅在半个世纪中，中国失了香港，开放了十三个通商口岸，放弃了关税自主权，赔款三千万，取消了天朝的尊严，外国人在中国有传教自由、居住自由的权利。在乾隆的敕谕中所看出的三点：（一）闭关自守；（二）独立自尊；（三）儒教一尊。如今已给西洋的船炮利器一扫无存了。太平党羽，也要靠洋人的武力，才能够扫平。遇着这种种切身的经验与教训，人们感觉有坚船利炮，可以上天，又可以入地，船炮利器，打破了门罗主义；船炮利器，重划了中国的疆土；船炮利器，改变了人们仿古思想；船炮利器，扫平了中国的内乱。这些颠倒乾坤的事变，在人们的脑子里，翻来覆去，于是使一向崇拜圣帝明王的人的思维，发生激烈的变化。有人提出这样的反问：

> 倘说，中国的国粹，特别而且好，又何以现在糟到如此情形。新派摇头，旧派也叹气。

这话不是满清的开明官吏发出的质问，而是鲁迅先生的有力的讽语。但这句话确可以描画出当时新派旧派的心理。他们感觉天朝的观念已站不住了，成法已用不着了。

总之，什么也都变了。王韬说：

汤曰：穷则变，变则通。知天下事，未有久而不变者也。上古之天下，一变而为中古。中古之天下，一变而为三代。自祖龙崛起，兼并宇内，废封建而为郡县，焚书坑儒，三代之乐礼典章制度，荡焉泯焉，无存焉。三代之天下，至此而又一变。自汉以来，各代递嬗，征诛禅让，各有其局。虽疆域渐广，而登王会列屏藩者，不过东南诸岛国而已，此外无闻焉。自明季利马窦入中国，始知有东西两半球。而海外诸国，有若棋布星罗。至今日而泰西大小各国，无不通和立约，叩关而求互市。举海外数十国，悉聚于中国之中。见所未见，闻所未闻，几于六合为一国，四海为一家。秦汉以来之天下，至此而又一变。呜呼，至今日而欲辨天下事，必自欧洲始。以欧洲诸大国，为富强之纲领，制作之枢纽，舍此无以师其长，而成一变之道。……设我中国至此时而不一变，安能埒于欧洲诸大国，而与之比权量力也哉？然而一变之道难矣。以今日西国之所有彼悍然不顾者，皆视以为不屑者也。其言曰：我用我法以治天下，自有圣人之道在。不知道贵乎因时制宜而已。即孔子而生乎今日，其断不拘

泥古昔而不为变通，有可知也。（王韬：《变法中晚清文选》四〇一页）

夫自群圣人经营数千年，以至唐虞，自唐虞积二千年以至秦始皇，自始皇积二千年以至于今。故曰不过万年也，而世变已若是矣（他说自原始以至唐虞，是“鸿荒之天下，一变而为文明之天下”，自唐虞以至清末为“华夷隔绝之天下，一变为中外联属之天下”）。世变小，则治世法因之小变，世变大，则治世法因之大变。……故有以圣人继圣人而形迹不能不变者，有以一圣人临天下，而先后不能不变者。是故惟圣人能法圣人，亦惟圣人而能变圣人之法。彼其所以变者，非好变也，时势为之也。……噫！世变无穷，则圣人御变之道，亦与之无穷。生今之世，而泥古之法，是犹居神农氏之世，而茹毛饮血，居黄帝之世，御蚩尤之暴而徒手搏之。曰：守我上大圣人法也，其不惫且蹶者几何也！（薛福成：《变法》同书二一八页）

张之洞说得更明白，他引经据史，说明了“变”的观念：

请之征于经：穷则变，变通尽利，交通趣时，损益之道，与时偕行，《易》义也。器非求旧唯新，《尚书》义也。学在四夷，《春秋》义也。……请征之史：封建变郡县，辟举变科目，府兵变召募，车战变步骑，租庸调变两税，归余变活润，篆籀变楷隶，竹帛变雕版，笾豆变陶器，粟帛变银钱，何一是三代之旧乎？……请征之本朝：阅外用骑射，讨三藩用南怀仁大炮；乾隆中叶科场，表判改五策，岁贡之外，增优贡拔贡；嘉庆以后，绿营之外，创募勇；咸丰军兴以后，关税之外抽厘金；同治以后，长江设水师，新疆吉林改郡县；变者名矣！（张之洞《劝学篇》）

李鸿章更感觉到外患的可怕。他的变法，可说完全建筑在列强侵略的基础上。他认为历史上的中外关系，彼此立在平等地位，而今日的外夷，有轮船、电报、军器，这是“数千年未有之强敌”，所以不能不打破“成见”，力求“实际”。

外患之乘，幻变如此，而犹欲以成法制之，譬如医者疗病，不问何症，概投之以古方，诚未见有效也。……《易》曰：穷则变，变则通；盖不变不通，则战守皆不足恃，而和亦不可久也。（乙亥奏折）

想变法自强，想推行新政，当然先要从“变法”从“新政”等字眼，找寻理论上历史上的根据。当时的新政巨头，当时的论客，莫不看重这一点。他们的论点，从今日的知识水准看来，不免也有许多颠倒肤浅的地方。

第一，他们不从经济基础上发掘社会变迁的原因，而从这基础的演变中，找寻一切文物制度变迁的根源。即使举出一些经济条件，也以二元论的观点，把经济上、政治上、文化上的条件，不分轻重地并列起来。这是颠倒的二元论的看法。

第二，他们对于中国社会史的知识，是很笼统很浅薄的。如以唐虞为“文明之天下”，以三代为“礼乐典章制度”；对于秦汉以后的“小变”、“大变”，也只举出什么废封建为郡县，什么夷夏同化。反之对社会迁变的基本法则，却不加以考察。这是肤浅的、毛皮的看法。

第三，新政的鼓吹，变法的提倡，不是中国社会发展过程中的政治要求，而是外夷威迫中发奋自强的呼喊。不是内在的而是外在的，不是自发的，而是被动的。

虽然如此，他们在社会激变之中，看出自己的弱点，指出“因时制宜”，指出“变法非好变也时势使之也”这个“变”的概念。要人明白历史的意义，要人打破“成见”，力求“实际”。要人了解变法，不是好奇的变，乃是时世演进的结果。了解变法是适应环境的需要。那理论是很有力的。这种论调，与当时朝野妄人如叶德辉之流，还夜郎自大，死抱着阿Q的意识，以为中国是人上人，以为礼教是夷夏的分野，武力是不足恃，以为“潜移默运，扫荡异教于不自觉”，以为辽金元“三国之书”，已“不存一字”，“旁行诘屈之书”，当然也必被淘汰等夸大狂，作一对照，真有天渊的悬隔。

二、中学为体西学为用的洋务运动

因为新政派的论客，缺少明确的历史观念，不彻底明白社会进化的法则；另一方面，变法又由于外力的威胁，因此，他们所了解的变，是很浅薄很皮相的变，至少他们的看法是二元的。因此他们的新政只是枪炮、实业，只是富国强兵，中国古代的所谓典章文物，所谓礼教成法，却不在变的圈内。张之洞的名句“中学为体，西学为用”，最足代表那时士大夫的变革心理。所谓不变的是圣道，是伦纪，可变的是法制，是器机，不变的是东方精神文明，可变的是西方物质文明。薛福成说：

> 今天下之变亟矣，窃谓不变之道，宜变今以复古，迭变之法，宜变古以就今。……我国家集百王之成法，

其行之而无弊者，虽万世不变可也。至如官俸之俭也，部例之繁也，绿营之窳也，取士之未尽得实学也，此皆积数百年末流之弊，而久失立法之初意。……若夫西洋诸国，恃智力以相竞，我中国与之并峙，商政矿务宜筹也，不变则彼富而我贫。考工制造宜精也，不变则彼巧而我拙。火轮舟车电报宜兴也，不变则彼捷而我迟。约章之利病，使才之优绌，兵制阵法之变法宜讲也，不变则彼协而我孤。彼坚而我脆。(《变法》，同书二一八至二一九页）

他举出两个概念，一是不变的“道”，一是可变的“法”。所谓道，指的当然是先王的成法——儒学，那是万世不变的。由于内政的腐化，而必须改革的是：官制、兵制、取士；由于外夷的刺激而必须提倡的是：工业、商业、法制、兵制。

薛福成又以为中国日趋于贫弱，主因是在于商务不兴，矿政（石炭五金）不修。他特别指出矿务的重要性。他在《矿屯议》中说道：

夫民于五金之用，一日不可缺，一人不可无。今以天下之大，而所谓铜铁，皆仰给外洋。至于金银，如英美所属之新旧金山，每岁出于矿者数千万，奚啻取之如泥沙。中国无生之之道，仅以古昔所有，互相转输，又已用之尽锱铢。通商以来，仅三十年，而外国日富中国日贫，后数十年，则益不可支矣。（二二八页）

他认为“绿营”与“防营”，都是“无事坐食”，所以有矿屯的建议，矿屯有“六利”：

（一）可节省营饷；

（二）使勇丁勤动，以保朴勇的风气；

（三）矿地都在边境，若分屯各营，可以慑苗蛮，绝客匪；

（四）既有屯兵，只须购机器，订技师就可着手开矿，可以减轻成本；

（五）开矿需要运输，需要工匠，可以增加生产分子；

（六）开矿可以保证原料自给政策。

那些都是富国强兵的方案。

对振兴工业，他特别有见地。他以为富强立国的大本，在于百工的振兴。在《振百工说》里说道：

泰西风俗，以工商立国，大较恃工为体，恃商为

用。则工实居商之先。士研其理，工致其功，则工又兼士之事。（二二六页）

他期待有这样国家的出现，那国家对于能“创一美利”的国民，应“给予凭单”，使能“独享其利”，或者“奖其勋劳，锡以封爵”。泰西百工能“开物成务”，能“可富可强”，能“可大可久”者，也是由于“朝野上下，敬之慕之，扶之翼之，有以激励之”的缘故。中国想发奋自强，也唯有振兴百工。但振兴百工，必先“破去千年以来科学之学之畦畛，朝野上下，皆感化其贱工贵士之心”，然后“风气日变，人才日出”。（二二七页）

薛福成要努力建立一个资本国家，在那国家里，士农工商，都不分贵贱。他最羡慕管子所倡的士农工商各守其职的社会。他又在《治学术在专精说》中说：

管子称天下才，其所以教民之法，不外士之子恒为士，农之子恒为农，工之子恒为工，商之子恒为商，此齐国之所以霸也。（二二七页）

在资本主义国家里，社会的地位是不易变动的。劳动力的生产与再生产，利润的生产与扩大再生产，常常依着一定的法则而运行。他肯定西方社会不过是“略事管子之意而推广之”（二二八页）这种百工各守其职的社会。他所要求的是资本主义制度的实现。在这社会里面，士农工商各有专职，各有专精，彼此分工合作，谁也少不了谁。

最足以代表他的见解的是这一句话：

> 或曰：以堂堂中国而效法西人，不且用夷变夏乎？是不然。夫衣冠语言、风俗，中外所异也，假造化之灵，利民生之用，中外所同也。（《变法》）

王韬又说：

> 故今日而言治，非一变不为功。变之之道奈何？其一曰，取士之法宜变也。……取士之法不变，则人才终不出。其一曰：练兵之法宜变也。……兵法不变，则兵不能强。其一曰：学校之虚文宜变也。……其一曰：律例之繁文宜变也。（《变法》，同书四〇一至四〇二页）

他又提出两个名词，一个是“器”，一个是“道”。取士、练兵、学校、律例，就是器；三纲五常就是道。器是可变的，道是不变的。对于不变的道，他说：

> 夫孔子之道，人道也。人类不尽，其道不变。三纲五伦，人生之初已具，能尽乎人之分所当为，乃可无憾。圣贤之学，胥自此基。（四〇〇页）

所谓中兴名将曾国藩，在《拟选聪颖子弟出洋习艺疏》中，对于洋务、军政、船政等视为“身心性命之学”，自强的大本。但有人反对选拔人才出洋习艺。因为天津、上海、福州等处，已设局仿造轮船枪炮，京师设有“同文馆”，上海又设有广方言馆，所以不必再远涉重洋了。但曾国藩却说：

> 不知设局制造，开馆教习，所以图振奋之基也。远适肄业，集思广益，所以收远大之效也。西人学求实际，无论为士为工为兵，无不入塾读书，共明其理，习见其器，躬亲其事，各致其心思巧力，递相师授，期于月异而岁不同。中国欲取其长，一旦遽图尽购其器，不惟力有不逮，且此中奥窔，苟非遍览久习，则本原无由洞彻，而曲折无以自明。（八四页）

他的洋务运动，不是用钱购买一切现成轮船枪炮，而是用力学习轮船枪炮的制法，不单要有满屋子金子，而且要学会了点金术。可是曾国藩的变法，也只限于这一点，洋人的所长，也只限于洋务，而文化礼法，是远不及华夏。所以学童出洋习艺，除派委员管束之外，还须“翻译教习，随时课以中国文义，俾识立身大节可冀成有用之材”。

曾国藩这一段话，仍嫌说得不够。“中学为体，西学为用”这一点，在李鸿章的《派员携带幼童出洋并应办事宜疏》中，说得更明白：

> 挑选幼童，不分满汉子弟，年十二岁至二十岁为率。收录入局，由沪局委员，考查中学西学，分别教导。将来出洋后，肄习西学，仍兼讲中学。课以《孝经》、《小学》、《五经》及《国朝律例》等书。随资高下，循序渐进。每遇房虚昴星等日，正副委员传集各童，宣讲《圣谕广训》，以示尊君亲上之义。庶不至囿于异学。(《出洋应办事宜》第一条，同书一三四页)

在《讨粤匪檄》中，曾国藩对于名教，更表示了他自己是一个十足卫教的“儒将”。

自唐虞三代以来，历世圣人扶持名教，敦叙人伦，君臣父子，上下尊卑，秩然如冠履之不可倒置。粤匪窃外夷之绪，崇天主之教，自其伪君伪相，下逮兵卒贱役，皆以兄弟称之。……农不能自耕以纳赋，而谓田皆天王之田。商不能自贾以取息，而谓货皆天王之货。士不能诵孔子之经，而别有所谓耶稣之说，《新约》之书。举中国数千年礼义人伦，诗书典则，一旦扫地荡尽，此岂独我大清之变，乃开辟以来名教之奇变，我孔子孟子之所痛苦九泉。（七二页）

这个名教礼法的拥护者，民族革命的背叛者，见了封建制度的破坏，见了封建文化的摧残，叹为千古的奇变，不惜投降外敌，腰斩民族解放运动。我不想提起曾国藩的功罪，历史自有定评。可是曾国藩他们对于所谓中学，是何等忠诚，在檄中已尽情表露出来了。

当新政派鼓吹洋务的时候，资本主义已到了最后的阶段。这最后阶段的特征，是独占代替了竞争。资本输出获得了重要的意义，金融资本支配了国内政治，独占组织垄断了世界市场，并且把世界完全瓜分了。在那时候，急进者要求再瓜分世界，缓进者要求保持原有的地位，战争是不可避免的了。张之洞在《非弭兵》中说，俄攻土耳其，德攻非洲，英攻埃及、攻西藏，法攻马达加斯加，西班牙攻古巴，土耳其攻希腊，就是未来大战的预兆，但未闻有人起而作鲁仲连者。于是他就反对朝野的弭兵说，而主张“练兵”：

> 廿年以来，但闻此国增兵船，彼国筹新饷，争雄争长，而未有底止。我果有兵，弱国惧我，强国亲我。一动与欧则欧胜，与亚则亚胜，如是则耀之可也，弭之亦可也，权在我也。我无兵而望人弭之，不重为万国笑乎？……苟欲弭兵，莫如练兵，海有战舰五十艘，陆有精兵三十万，兵日雄，舰日多，炮台日固，军械日富，铁路日通，则各国相视，而不敢先动。有败约者，必出于战。不恤孤注，不求瓦全。如是则东洋助顺，西洋居间，而东方太平之局成矣。（二八〇页）

对于战争的认识，张之洞虽然不免只知其一，不知其二，对于中国反抗侵略者的意义及其前途，也看不清楚；可是在列强互相窥伺的时候，以为提倡弭兵，必自招“分裂”，自招“速亡”，那是很有见地，所以他们唯一的任务是提倡富国强兵，提倡新政。

张之洞在《上海强学会序》中又指出中国的贫弱，在于缺少农工商矿学者，缺少军事机械专家。

天下之变岌岌哉，夫挽世变在人才。成人才在学术，讲学术在合群，累合什百之群，不如累合千万之群，其成就尤速，转移尤巨也。今者海外多故，天下怒焉闵忧，特下明诏，搜求才识闳达及九能之人，一艺之士，而应诏者寡，固搜访之未逮欤？得无专门之学，风气未启，有以致之耶？故患贫而理财，而专精农工商矿之学者无人；患弱而训兵，而专精小陆军及制船炮之学者无人。乃至外国政俗亦寡有深通其故者，此所关我非细故也。（《上海强学会序》，同书二八四页）

张之洞所作的《强学会章程》，规定学会的本旨是："聚天下之图书器物，集天下之心思耳目。"因此，此会应举办的共有四件：

（一）译印西洋图书，首译新闻材料，次译章程、教条、律例、条约、公法、日录、招牌，以至地图著作。

（二）刊行报纸，专载时务，兼译外国新闻，也载学术治术专著。

（三）设图书馆，收藏中国图籍，购采西人政教和学术著作。

（四）开博物院，收集古今中外兵农工商各种新器。（二八五至二八六页）

强学会的规模，好像今日的大学院，苏联的共产主义学院。译洋书、印报纸、设图书馆、开博物院，当然是一个传播西学，接受西学的总机关。不过这个强学会的目的，在于“上以广先圣孔子之教，下以成国家有用之才”，这又是不忘中学为体的老调。这句话还嫌说得不大明了，请再看下面的一段：

入会诸君，原为讲求学问，圣门分科，听性所近。今为分别门类，皆以孔子经学为本。自中国史学、历代制度、各种词章、各省政俗利弊、万国史学、万国公法、万国律例、万国政教理法，古今万国言语、文字，天文、地舆、化学、光、声、物理、生理、生物、地质、医药、金石、动、植、气、力、治术、师范、测量、书画、文字、减笔、农务、牧畜、商务、机器、营建、轮船、铁路、电线、电气、制造、矿

学、水陆军学以及一技一艺，皆听人自认，与众讲习。（二八六页）

这种意思在《劝学篇》中说得更明白：

夫不变者，伦纪也，非法制也；圣道也，非器机也；心术也，非工艺也。

总而言之，他们所要保存的是纲常、圣道；所要革新的是器机、工艺、炮兵，也即是“中学为体，西学为用”。中学为体西学为用的洋务运动，是新政派的骨干。

第三章　戊戌维新运动

一、甲午战争与洋务

新政派的“变”，原是以中学（所谓精神科学）为经，以西学（所谓物质科学）为纬的“变”，是船坚炮利的“变”，是富国强兵的变。但是新政派理论家的变法，并不是几个书痴子在说疯话，也不是文人逸士在舞文弄墨，而是有权有势的当朝贵人的图强宣言，改革方针。以李鸿章为中心的新政运动，在实际上的表现是这样（在梁启超所著的《李鸿章》中）：

同治二年（一八六三年）一月　在上海设立外国语言文字学馆。

同治四年（一八六五年）八月 在上海设立江南机器局。

同治九年（一八七〇年）十月 在天津设立机器局。

同治十年（一八七一年）四月 倡议在大沽筑新式炮台。

同治十一年（一八七二年）五月 开采煤矿铁矿。

同治十一年（一八七二年）十一月 招商局成立。

光绪元年（一八七五年）十一月 举办铁甲兵船。

光绪元年（一八七五年）十二月 申请在各省份设西学局，派通晓测算、舆图、火轮、机器、兵法、炮法、化学、电学各科，通晓时务大员主办。

光绪六年（一八八〇年）二月 购买铁甲兵船。

光绪六年（一八八〇年）七月 在天津设立水师学堂。

光绪六年（一八八〇年）八月 在南北洋设立电报局。

光绪六年（一八八〇年）十二月 奏请建筑铁路。

光绪七年（一八八一年）四月 设立开平矿务局。

光绪七年（一八八一年）六月 国营商船初航英国通商。

光绪七年（一八八一年）十一月 招商局接办各省电报。

光绪八年（一八八二年）二月 在旅顺筑码头。

光绪八年（一八八二年）四月 在上海设立织布局。

光绪十一年（一八八五年）五月 在天津设立武备学堂。

光绪十三年（一八八七年）十二月 开漠河金矿。

光绪十四年（一八八八年） 北洋海军成立。

这是晚清名臣李鸿章提倡洋务的年谱。所有各种新政，无论是购船购械或造船造械，无论是筑炮台或筑码头，无论是开航运公司或开电报局，无论是开新式文官学堂或武备学堂，无论筑铁路或设织布厂，无论开矿或派人出洋留学，总之事事都不离富国强兵的大计。李鸿章的前辈曾国藩和李鸿章的同辈张之洞，也是新政运动的首领，都是新政派的巨头。他们的经国大计，总不离本行，总跳不出他们所认识的界限。一直到甲午一役的前夜，可算是新政派最活跃的时代。经过三四十年的努力，中国已有新式海陆军和装备了，有制造船炮的工厂了。中国开始用新法开矿，开始用新法织布了，中国有洋秀才有洋举人，也有洋进士了。然而甲午一役，中国被打得片甲不留，丧权辱国的《马关条约》，也在一八九五年四月十七日签字了。

对中日战争，我相信夫清三郎的观察，很有见地。他在《中日战争前中国产业的发展状态》中指出，日本战胜中国在于战前日本的产业已到了“大产业的阶段”，而中国却还在“工厂手工业时代”。产业水准的不齐一，“工厂手工业”与“大产业时代的相异”。即是“在社会经济的发展水准上，日本比中国走了一大步”。结果，两国的海军发生了质的差异。

	项目		日本	中国
军舰	军舰数		28只	81只
	排水量		57672吨	73179吨
	平均数	马力 速力 舰龄	3395马力 139节9 9年6	1434马力 11节8 12年9
	兵器	重炮（12姆以上） 轻炮（47密以上） 速射炮 机关枪 水电发射管	107门 31门 217门 106门 42门	143门 136门 22门 231门 39门

	项目		日本	中国
水雷艇	水雷艇数		24只	25只
	排水量		1475吨	1042吨
	平均数	马力	608马力	300马力
		速力	18节0	17节5
		艇龄	4年0	8年1
	兵器	水电发射管	48门	37门
		速射炮与机关枪	26门	22门

军舰方面，中国的优点，只限于军舰数、排水量、重炮、轻炮、机关枪五种。日本的优点，却在马力、速力、舰龄、速射炮数、水电发射管等。在这点上，日舰的强点在技术的质，在战斗力量。

用经济的观点来解释中日战争的结局，是对的。但我觉得，除掉这点以外，还有政治上的因素，应该特别要提出的。日本自明治维新以后，成立了一个君主立宪国家。不论日本民治主义是如何古怪，不论地主在议会中占怎样大的力量，本质上日本到底是一个民治国家。相反的，清末所谓中兴名将，连做梦也不曾想到政治的改革。洋务运动与东洋绝对专制主义，不但没有丝毫冲突，简直可以直截了当说，采纳西方的物质科学，原是为了医治东洋专制主义社会的症结。因此在发奋图强的过程中，丑态百出。我们要知道，没有富有朝气的政府，也没有巩固的国防。不根本改革政治，休想谈抵抗外辱，更休想谈振兴工业。

但是政治改革，有折衷与彻底，改良与革命，调和与不妥协的不同。洋政派的曾李张之流，固然恭恭敬敬地履行古圣贤的遗训，不敢犯上，不敢作乱；维新派的康梁，虽已明白政治机构的堕落、腐化，而锐意改革，可是他们的眼光也极有限度。他们崇拜明治天皇，崇拜彼得大帝，他们只希望有一个开明的君主，出来救世济民。

> 方今之病在默守旧法而不知变。处列国竞争之世，而行一统垂裳之法，此外已夏而衣重裘，涉水而乘高车，未有不病渴而沦胥者也。《大学》言日新又新，《孟子》称新子之国。《论语》为子毋改父道，不过三年；然则三年之后，必改可知。夫物新则壮，旧则老；新则鲜，旧则腐；新则活，旧则板；新则通，旧则滞；物之理也。法既积久，弊必丛生，故无百年不变之法。况今兹之法，皆汉唐元明之弊政，何尝为祖宗之法度哉？又皆为胥吏舞文作弊之巢穴，何尝有丝毫祖宗之初意哉？今托于祖宗之法，固已诬祖宗矣。且法者所以守地者也。今祖宗之地不守，何有于祖宗之法乎？夫能使守祖宗之法，而不守祖宗之地，与稍变祖宗之法，而能守祖宗之地。孰轻孰重，殆不待辨矣。（康有为丁酉上书）

总之，甲午一役粉碎了新政派的谰言，打破了洋务运动的迷梦，洋务已不行了。求国富民强，只有改弦易辙，实行政治改革。于是康有为大摇大摆走出来喊：“戊戌维新万岁！”

二、康有为的反古思想及其空想主义

康有为，广东南海县人。其先代为粤中名族。曾祖式鹏，在乡间讲学；祖父赞修，为连州教习，信奉程朱学说；从祖国器，在咸丰年间，有功升任广西巡抚。父达世，早死。母劳氏，生二子，长有为，次广仁。有为早失怙恃，受教于祖父。早年就与所谓圣贤学说接近。十八岁拜朱九江为师，凡六年，其理学政学根底，都得于九江。九江卒，独学于南海西樵山，又四年，出西樵，入京师。那时西学初入中国，康有为道经香港上海，见英国殖民地政治很有秩序，心想属地已如此，祖国更不在话下。又想必有科学为本源，于是尽购江南制造局所译西书，从此学问别开一个境界。

康有为的曾祖、祖父，都是宿儒，为仕林中的翘楚。叔祖官至巡抚。康有为的家庭，可说是一个官僚士大夫的家庭。有为幼年，又从学于九江，独学于西樵。他从小就在纲常名教的氛围中陶冶。壮年入京师，才与翻译西学接近。这样的经历规定了康有为的二重人格，即是：一方面以儒学为经世治国的根本，一方面又以西学为经世治国的致用。

在戊戌政变的前后，康有为的著作，最可注意的是：（一）《新学伪经考》，（二）《孔子改制考》，（三）《大同书》。（一）（二）两种是代表康有为的疑古精神。（三）是代表他的政治理想。康有为虽然是一个圣徒，但毕竟是一个改良主义者，对于腐化的政象，不无发生一些怀疑。他怀疑旧学，并不想要推翻它，只想用合理的解释以加强孔学的信仰。我现在借梁启超的话把这两部书的内容解释一下。

《新学伪经考》的要点有五：（一）两汉经学，无所谓古文今文，古文都是刘歆的伪作。（二）秦焚书，并未厄及《六经》，汉十四博士所传，都是孔门足本，并没残缺。（三）孔子时所用文字，即是秦汉间的篆书，以文字论，也没有古今的不同。（四）刘歆想弥缝他作伪的痕迹，对于一切古书，都大加删改。（五）刘歆作伪，为助王莽篡汉，先湮乱孔子的微言大义。

康有为的见解对与不对，是另一个问题，但他的《新学伪经考》在当时发生了两种极大的影响：

第一，清学正统派的立脚点，根本动摇起来；

第二，对一切古书，都要重新估量它的价值。

学术价值的影响，我觉只居次要的地位，怀疑精神的培养，方才值得大书特书。此后康有为的弟子谭嗣同，以奔放的感情，锐不可当的勇气，来冲决罗网的是这一精神的延长。更后一些，康有为的批判者否定者陈仲甫，以敏锐的感觉、远大的眼光、缜密的头脑来拥护德赛两先生的，也是这一精神的延长。

说到这一点，《孔子改制考》的意义更大了。这本书定《春秋》为孔子改制创作的书。不只一部《春秋》，《六经》也都是孔子所作。一向以为孔子只删改《六经》，是不对的。孔子自立一宗旨，于是拿古人古书，来附会他的宗旨。孔子改制，常托于尧舜。尧舜有无此人不可知，即使有此人，经典中尧舜的建国大业，只是孔子的政治理想。这本书教人读书，莫要不求甚解，莫要斤斤于雕虫小技的章句训诂，而应了解它的义理。这本书教人不要做古人的奴隶，而要养成创作批评的精神。这本书又教人相信几千年博士鸿儒所公认为经典信条的书，都是托古的创作。

康有为在启蒙运动史中最重大的贡献，不在《新学伪经考》，也不在《孔子改制考》，而在《大同书》。《大同书》在康有为的生前，始终没有公布，只在《不忍》杂志上，发表了一部分。他死后的七年，才由他的弟子钱定安在民国二十四年，刊行问世（中华书局版）。

夫大同之世，天下为公，无有阶级，一切平等，既无专制之君主，亦无民选之总统。国界既破，则无政府之可言，人民皆自由平等，更无官职之任。男女既平等独立，则以情好相合，而立和约，定有期限，不名夫妇。三年怀抱，二十年教养，均由公共之人本院、育婴院、慈幼院、小学、中学、大学院，以教之养之，则其于父母无恩，孝道可废。及其老也，又有公共之养老院；疾病，则有公共之医病院；考终，则有公共之考终院，则于子无靠，慈义可废。人民既受公共之教养，二十年后，公家又给之以职业。另有懒惰成性者，亦罚之入恤贫院做苦工，如此则永无失业之人。且既无家室，负担益轻，则其私产自无所用之，亦不必藏之于己也。如此则私产制度废，资本主义，日烟消云散矣。且于斯时，人类既安居极乐，思想日新，进化无疆，新器日多，新制日出，必有能代肉品之精华，而滋养相同者。若是又不食鸟兽之肉，而至仁成矣。兽与人同本而至亲，首戒食之。次渐戒食鸟，次渐戒食鱼，次渐戒食有生之物焉。盖人与万物，在天视之，固同一体也。爱物为大同之至仁矣。于斯时也，人物平等，是之谓大同。(《序》四页)

“大同”的本义，出自《礼运》。《礼运》说：

> 大道之行也，天下为公，选贤与能，讲信修睦。故人不独亲其亲，不独子其子，使老者有所为，壮者有所用，幼者有所长，鳏寡孤独，废疾者皆有所养。男有分，女有为，货恶其弃于地也，不必藏诸己，力恶其不出于身也，不必为己，……是谓大同。

这段话的根本精神，与钱定安、梁启超对《大同书》的概括比较，大体是一致的。《大同书》全书分十部，“甲部入世界观众苦”是泛论“人道之苦”——“人道之苦”中，有人生、天灾、人道、人治、人情、欲望诸苦痛。康有为以为诸苦的根源是九界。九界就是：

> 一曰：国界，分疆土部落也；
> 二曰：级界，分贵贱清浊也；
> 三曰：种界，分黄白棕黑也；
> 四曰：形界，分男女也；
> 五曰：家界，私父子夫妇兄弟之亲也；
> 六曰：业界，私农工商之产也；
> 七曰：乱界，有不平不通不同不公之法也；

八曰：类界，有人与鸟兽虫鱼之别也；

九曰：苦界，以苦生苦，传种无穷无尽，不可思议。

有了九重障碍，就生出了人世间的诸苦，所以救苦的唯一法门，也在打倒九重障碍，破除九界：

第一曰：去国界，合大道也；

第二曰：去级界，平人民族也；

第三曰：去种界，同人类也；

第四曰：去形界，保独立也；

第五曰：去家界，为天民也；

第六曰：去产业，公生产也；

第七曰：去乱界，治太平也；

第八曰：去类界，爱众生也；

第九曰：去苦界，全极乐也。

九界构成了甲、乙、丙、丁、戊、己、庚、辛、壬九部。这一打破九界的运动，用现代语来讲，是打破国家的界限，铲除阶级的束缚，沟通种族的感情，抹煞男女的界限，消灭家庭的痛苦，消除生产的不均，取消地方的界线，人己同权，万物一体，没有痛苦，皆大快乐。依康有为看来，取消了社会上政治上经济上的不平等，人类才没有痛苦，才达到至乐世界，那极乐世界就是大同。

这是一个大乌托邦，没有经济基础的乌托邦，只凭着脑子里想出来的乌托邦。在十九世纪的末叶，中国只有资本主义的萌芽，大产业只出现于南方各通商口岸，只有一些轻工业，北方的市民，仍旧与封建势力同流合污。资本主义既没有稳固的基础，一下子就想跑上大同世界，踏入共同生产共同享受的无等级社会，那是绝对办不到的事情。但康有为空想性，不只表现在对大同社会的了解上，也表现在怎样实现大同社会的方法上。关于九界的铲除，康先生说了许多空疏幼稚的话，试任意举一二个例子：康有为以为要取消国界，必自“弭兵”始；又以为改良种界，应从“迁地”、“离婚”、“改食”、“改良人种”等方法着想；又以为“行农工商之大同”，在“明男女人权”始。这是没有实际政治常识的任意话。所谓九界，其实并不是同等重要，有些是主要的，有些是次要的。但康有为却把它们一律看待。这一初表示大同思想是空想，实行大同的方法也是空想。

西欧在十九世纪初叶，也有空想社会主义学派的出现。空想派的代表是法圣西门（Saint-Simon，1760—1825）、傅利叶（Fourier，1772—1837），英涡文（Owen，1771—1858）。圣西门首先承认近代历史，就是生产阶级对抗封建制度的历史。所谓生产阶级，是市民、工、农的总名。他们所支配的社会，名为“产业公社”（Systéml industriel）。在公社里面，经济上的支配权是属于工业家；知识上的领导权却属于学者。人人都要劳动，没有特权，没有界限。各尽所能，各取所需。由大农业家、企业家、商人共同组织的产业协议会，统制全社会生产。在圣西门的眼中，企业家与工人并没有什么不调和的。傅利叶对于资本主义的认识是高过圣西门一级的。他痛恨劳动条件的恶化，痛恨生产的无政府状态，这些罪恶一律应由个人主义生产来负责。他的理想社会，是一千五六百人共同组织的共同体，名叫“法郎球”。在此小天地里，人人都劳动，人人都愉快，人人的个性都能自由发展。出资者也享有一定的利润，并且还有许多等级的存在。

涡文本是一个厂主，目击着生产分子的遭遇，变了一个温情主义者。他要求一个新经济机构来代替现代经济机构。在这机构中，生产手段共有，物质上精神上的享受都有保障，人人不必愁分配不均，也不必愁有私产出现。由一八三〇年至一九四〇年，涡文亲往美国创立社会主义团体，推广他的理想，可惜失败了。他相信工会是实现社会改革的主动力，因此非常努力在立法上改善劳工状态。

这些空想者，不论对于社会改革的方式怎样不同，但有一点是共通的，就是他们都不很了解社会运动的法则。圣西门以生产阶级这笼统的名词，糊涂了有产者和生产者的社会性；取消了它们之间的磨擦，以为彼此相安，才能建立理想社会。傅利叶也看不清生产者的力量，一定要拉有产者进来，才能建设新的社会。涡文也只斤斤于一点一滴的改良，企图以经济手段，来解决社会问题。总之，空想派的缺陷在于缺乏科学的根据。虽然如此，当生产者在思想上组织上未成熟的时候，亏得他们出来暴露现代社会的矛盾，其意义是非常重大的。正如一个哲人所说，“他们对于生产者的启蒙仍提供了最宝贵的材料”。

康有为生于一八五五年，比英法空想主义者，差不多后了一个世纪。康出世时，圣西门、傅利叶早已死了，涡文也再迟三年去世。康有为在中国著《大同书》时，西欧的空想主义早已到了最高峰。理论上康有为有可能看见他们的学说，不过康有为不懂外国文，梁启超也说《大同书》是康有为的创作，无依傍、剿袭。空想主义，是一个华而不实的怪物，这一点上，东西的空想家，如出一辙。但在西方社会里空想主义是大机械生产的反响，不论可行不可行，总可说是经济的产物。但康有为的大同思想，却出现于古旧的中国。欧美大机械的生产，带来了贫富极不齐一的恶现象，改革是免不了的。一等到生产者在思想组织上有了武装的时候，于是空想主义，就变了科学主义。可怜中国并没有生产机械化、生产社会化的影儿。这也是中国士大夫的悲惨下场的一幅写照。康有为自己不愿把《大同书》公开问世，以为目下刚在乱世，只能讲小康，不能讲大同，这正是维新派的写照。只能讲小康，不能讲大同，就是说只好谈改良不好行革命。于是康梁等辈三跪九叩地捧出一个懦怯无能的好好皇帝，以实现他们的雄图大略。政变失败了，康有为同时也颓唐了。等到民国光复，证明中国只行革命才有出路的时候，康有为还不改故态在《不忍》杂志上，咒诅流血的共和，又致书黎段，提倡孔学：

> 今万国之人，莫不有教，惟生番野人无教。今中国不拜教主，岂非自认为无教之人乎？则甘认与生番野人等乎？
>
> 数千年来，无论何人何位，无有敢议拜教主之祀，黜敬主之祀者！

这样开倒车，比起当年公车上书的英姿，真使人有隔世的感叹！

三、谭嗣同的个性及其思想

谭嗣同究竟是一个什么人？有人说他是一个“粗俗——但却是一个极勇敢的——唯物论者”，有人说他是一个“疯汉”，也有人说他是一个急进的第三等级思想家，又有人说他是“晚清思想界的彗星”。这些嘉名，虽然字义不同，但却有共通的内涵：勇敢、果断、猛进、不妥协。这些对于了解谭嗣同的思想，是非常重要的。有这样的质素的人，同时又是新兴阶级的代表，他的思想，一定也充满了勇敢、果断、猛进、不妥协的因素。

老奸巨猾的袁世凯，凡读过百日政变史的人，都知道他出卖了他的民主战友——谭嗣同。这个怪杰眼中的谭嗣同，颇有可注意的地方，我如今把袁谭第一次会见时的对话，录在下面：

> 光绪二十四年七月二十九日袁世凯奉召由天津乘火车抵京，寓法华寺。八月朔请安。又奉旨令初五日请训。初三晚，袁正在内室秉烛拟政稿，忽闻门外有人声，守门的持名片进来，说有谭军机大人有要公来见。袁氏停笔出迎。谭说有密语，请摒去仆丁。入了

内室，两人开始谈话：

谭："请问你是不是初五请训？"

袁："是的，但现在忽有英船游弋海上，我想具折明天请训，完了立即回天津。"

谭："外侮不足怕，可怕的却是内患！"

袁："什么？"

谭："您受了破格的特恩，应图报上，皇上现在遇着大难，非你出力，是救不了的。"

袁："我代代受皇上的恩典，当然要力图报答。况且，我自己也受着莫大的恩赏，更要肝胆涂地，图报天恩，但却不知道皇上所遇的是什么大难。"

谭："您还不知道荣某近日向太后献策，要废立弑君的叛逆行为吗？"

袁："有这样的事吗？我在天津时常同荣见面谈天，细察他的词意，这个人还算忠义，我敢信必无这种的意思。一定是谣言，不足凭信的。"

谭："您光明正大，哪里知道那个鬼头鬼脑的混蛋。他外面同您要好，心里却常猜忌您。您不是辛苦了许多年，中外同钦的吗？但您去年只升了一级，那就是荣某捣鬼。康先生曾在皇上面前保您，皇上说'荣某常对太后娘娘说袁跋扈不可用'。这些话谁不晓得。我也曾在皇上面前荐您，一一都被荣某所梗。皇上常说袁世凯很有才能，可惜有人常说他不可靠。这一次升你一级，实在已费了许多力。您如真心救主，我有一条妙计，来同您商量。”

（谭那时拿出一草稿，大意说：“荣某废立弑君，大逆不道。袁世凯初五请训，请面付朱谕一道，令其带本部兵赴津见荣某，出朱谕宣读，立即正法，即以袁为直督，并迅速载袁部兵入京，派一半围颐和园，一半守宫。”）

袁：“围颐和园干什么？”

谭：“不杀死这个老朽，国家不保，我已打定了主意，你不必再问。”

袁：“皇太后听政二十多年，几次平定大乱，人人都拥戴她。我常训诫我的部下，要以忠义为第一义，如果令他们作乱，必不可行。”

谭：“我已雇了好几十名好汉，并打电回湖南招集许多名大将，不久可以到来，杀这老朽，由我一个人包办，用不着你。所要求于你的只有两件事，一是诛荣某，二是围颐和园。事情到这个田地，你如果不答应我，我就死在你的面前。你的生命在我手里，我的生命也在你手里。我们至迟要在今晚决定，决定以后，我立即诣宫请主办理。”

袁：“这桩事情太严重了，不能草率了事，今晚你就杀了我，也定不出什么，而且你今夜请旨，皇上也未必允准。”

谭：“我自有挟制的办法，没有不准的道理，我敢担保初五日一定有朱谕一道亲自面交给你。”

袁：“天津是各国集处的地方，忽然杀了总督，中外官民，一定鼓噪起来，中国必招瓜分。而且北洋有宋董聂各军四五万人，淮练各军又有七十多营，京城里的旗兵，也差不多有几万，我自己所领率的兵不过六千，如何抵挡得住。我恐怕一动兵，京城里必马上设防，那时皇上已先遇害了。”

谭：“你可用迅雷不及掩耳的手段，一旦举兵，立即分给各军以朱谕，并照会各国，那时谁敢乱动？”

袁：“本军粮械子弹，都在天津营里，很少存下来，必须先把粮弹运出来，方才可以用兵。”

谭：“目前可请皇上先下朱谕，交您保存，一等到布置妥当，一面把日期密告我，同时一面动手。”

袁：“我袁世凯不是怕死的人，只怕事情泄露出来，一定累了皇上，那时我真不知道要怎样赎罪。凡事一用了纸笔，就不慎密，千万不可先交朱谕。请你先回去，等我再仔细考虑一下，布置一个半个月，再回复你怎样办。”

谭：“皇上太焦急了，我已拿了朱谕来，我们两人必须立即商定一个办法，才好复命。”

（谭出朱谕，大意说：“朕锐意变法，诸老臣均不顺手，如操之太急，又恐慈圣不悦，饬杨锐、刘光第、林旭、谭嗣同另议良策。”）

袁：“这不是朱谕，更没有诛荣围颐和园的训示。”

谭：“朱谕在林旭手里，这是杨锐抄给我看的，的确有这样的朱谕，三天前已发交了。林旭这家伙真可恶，不马上给我，几乎误了大事。谕里另外定有办法，那两件事也包在里头。”

袁：“天老爷在上，我袁世凯不敢辜负天恩，只怕累了主上，必须商量妥当，以期万全，我个人的确没有这样的胆量，不敢乱动，为天下的罪人。”

（那时谭催复，声色都变了，腰间衣襟高起，似带有凶器。袁见了，马上改了口：“九月皇上巡幸天津，到时军队集中，只要皇上下一寸纸条，谁敢不遵命，什么事做不成。”）

谭：“情势太急迫了，怕等不到九月就要废弑了！”

袁："既有皇上巡幸的命令，不会突然发生意外，必须等到下一个月，才好动手。"

谭："如果九月不出巡幸，又怎么办呢？"

袁："现在已开手布置，用了几十万元，我可以再请荣相力求慈圣，决没有中止的道理，此事包在我身上，您千万放心。"

谭："现在摆在您面前的只有两条路，一条是报君恩、救君难、立奇功、建大业的路，走这一条路，将来天下大政，一定归你一人管辖。第二条是您贪图富贵，密告封侯，累了天子。二者必择其一，再没有第三条了。"

袁："你以为我是什么人？我三世受国恩，决不致丧心病狂，误了大局。只要有益于君国，我一定拼我的老命。"

谭："你真是一个真男子！"

这一段有声有色的会话，出自袁世凯的《戊戌日记》（《中国近百年史料》初集四九三至五〇〇页）。在袁谭的紧急对话中，有两种个性，活现在纸上。袁世凯的奸险，谭嗣同的直率；袁世凯的精细，谭嗣同的鲁莽；袁世凯的反复，谭嗣同的强硬；袁世凯的虚伪，谭嗣同的忠诚，活现在人们的眼帘。谭嗣同碰着了袁世凯，正如威尔逊到了巴黎，遇见了克里蒙梭、鲁意乔治、牧野奥兰多一班大奸雄，“连口也开不得”。不久袁世凯居然背信向荣禄告密。到了西太后下令捕新党，康有为、梁启超仓皇出走，痛哭流涕，而谭嗣同却慷慨赴义，从容就死。

> 吾将哀号流涕，强聒不舍，以速其冲破网罗；冲决利禄之网罗，冲决俗学若考据若词章之网罗，冲决全球群学群教之网罗，冲决君主之网罗，冲决天之网罗……然既可冲决，自无罗网；真无网罗，乃又言冲决。……(《仁学》)

这是谭嗣同的公开状。他要打破做官发财的观念，要打破腐化儒生的迷梦，不做宗教的奴隶，不做君主的奴隶，不做伦常的奴隶，不做天老爷的奴隶，不做地娘娘的奴隶，这种勇敢无当、一意孤行的好汉，活跃在纸上。

> 仁为天地万物之源……(《仁学》)
>
> 仁一而已，凡对待之词，皆当破之。(《仁学》)
>
> ……盖编法界、虚空界、众生界，有至大之精微，无所不胶粘，不贯洽，不管络。而光满之一物焉，目

不得而色，耳不得而声，口鼻不得而臭味，无以名之，名之曰以太。其显于用也，为浪、为力、为质点、为脑气。法界由是生，虚空由是立，众生由是出；无形焉，而为万物之所应；无心焉，而为万心之所感，精而言之，亦曰仁而已矣。(《以太说》)

在谭嗣同的著作中，有一个“仁”的名词，又有一个“以太”的名词。这两个名词，是名异实同。在世界上，东西南北，四方八面，无处不充满着仁，充满着以太。这个“仁”、“以太”是物质实体。老子的“道”，列子的“太易”，杨朱的“大一”，惠施的“小一”都是超感觉超经验的实在，有物质内容。谭嗣同的“仁”、“以太”也是这样的东西。

陈伯达先生说得好：

一切事物，万千世界，都存在于仁（以太），除了仁（以太）则一切均不存在。仁（以太）共宇宙万物而同时存在，而非先于宇宙万物而存在，仁（以太）并不创造宇宙万物而是为宇宙万物所自有；仁（以太）是宇宙万物内在的原因，而非宇宙万物之外铄的原因。

仁（以太）没有独立的“形”，宇宙万物的万形，即为“仁”的形，即为以太的“形”。万形依仁（以太）而表现，而仁（以太）亦由万形而表现。仁（以太）没有独阶的“心”（按即精神），宇宙万物的“万心”，即为仁的“心”，即为以太的“心”。“万心”依仁（以太）而表现，而仁（以太）亦由“万心”而表现。

仁（以太）与宇宙万物，是单一的，仁（以太）的“形”、“仁”（以太）的心，即是宇宙万物的“形”、宇宙万物的“心”。并非谁先谁后，谁本谁末，两者是一体的。谭嗣同是一个唯物论者，不像客观观念论者黑格尔，以理念为世界的创造主；也不像主观观念论者巴克列、马哈，以我为存在的根源。仁（以太）是宇宙，宇宙也是仁（以太），仁（以太）是自己存在的物质实体。

谭嗣同的思想，不只在哲学上显出他的奇才，在反传统、反礼教上，也表现了他的超越。

俗学陋行，动言名教，……以名为教，则其教已为实之宾而决非实也。又况名者，由人创造，上以制其下而下不能不奉之则数千年三纲五常之惨祸酷毒由此矣！……如曰仁，则其名也；君父以责臣子，臣子亦可反之君父，于钳制之术不便，故不能不有忠孝廉节一切分别等级之名。……忠孝既为臣子之专名，则终不能以此反之，虽或有所据，意欲诘诉而终不敌忠孝之名为名教之所尚。……名之所在，不惟关其口而使不敢昌言，乃并锢其心使不敢涉想。

恶莫大于淫杀，……男女构精名淫，此淫名也。淫名亦生民以来，沿习既久，名之不改，习谓为恶。向使生民之始，即相习以淫为朝聘宴饷之巨典；行诸朝庙，行诸都市，行诸稠人广众。如中国之长揖拜跪，西国之抱腰接吻，则孰知为恶者。戕害生命名杀，此杀名也。然杀为恶，则凡皆杀当为恶；人不当杀，则凡虎狼牛马鸭豚，又何当杀者？何以不并名恶也？或曰：人与人同类耳，然则虎狼于人不同类也。虎狼杀人，则名虎狼为恶，人杀虎狼，何以不名人为恶也？……

这两段话虽不免也有强辩的地方，但他勇敢地指出名教是人所创造上御下的精神工具，指出一切礼法只不过一些习惯，惯了熟了，人们也渐渐忘记了它的真意了。他反对钳制人口的礼法，更反对禁锢思想的教条。他要冲破罗网，为名教礼法的罪人，为自由平等的战士。

对于民族革命，也寄予无上的同情。他愤恨民族的压迫，讴歌民族的解放。他大声疾呼道：

> 天下为君主私产，不始今日，……然而有知辽金元清之罪，浮于前此君主者乎？其土则秽坏也，其人则膻种也，其心则禽心也，其俗则毳俗也。逞其凶残淫杀，攫取中原子女、玉帛，……总以为未餍；锢其耳目，桎其手足，压其心思，挫其气节……方命曰：此食毛践土之分然也；夫果谁食谁之毛，谁践谁之土？

性急的谭嗣同，无时无刻不显出粗鲁、暴急的情调。这一段咒诅民族压迫的话，显然带上狭隘民族主义者的口吻。几几乎与洪秀全、杨秀清的《奉天讨胡檄》，完全一样。

> 罄南山之竹简，写不尽满地之淫污；决东海之波涛，洗不净弥天之罪孽。予谨略言其彰著者：夫中国有中国之形象，今满洲悉削发为禽兽；中国有中国之

衣冠，今满洲别顶戴猴冠，而坏我先代之服冕！是使中国之人忘其本也；中国有中国之人伦，前伪妖康熙暗使鞑子一人管理十家，淫乱中国之女子，是使中国之人尽为胡种也；中国有中国之配偶，今满洲妖魔悉收中国之美姬为奴为妾。三千粉黛皆为羯狗所污，百万红颜竟与骚狐同寝。言之痛心，谈之污舌，是尽中国之女子而污辱之也；中国有中国之制度，今满洲造为妖魔之条律，使我中国之人不能脱其网罗，手足无所措，是尽中国之男儿而胁制之也；中国有中国之语言，今满洲造为京腔，更中国之音，是以胡言胡语惑中国也；凡有水旱，毫不怜恤，坐视饿莩流离，暴露有如草芥，是欲我中国之人稀少也。满洲又纵贪官污吏布满天下，剥民脂膏，士女皆哭泣于道路：是欲我中国之人贫穷也。官以贿得，刑以钱免，富儿当权，豪杰绝望，是使我中国之英俊抑郁而死也。凡有英雄代天报仇，动辄诬以谋反大逆，夷其九族，是欲绝我中国英雄之志也。满洲之所以愚弄中国，欺侮中国者，无所不用其极巧哉！

我不敢说谭嗣同是一个新唯物论者。老实说，谭嗣同在下面只是一个机械论者，在上部又是一个观念论者。拿谭嗣同比费尔巴哈，比法国唯物论者，只不过是小巫之见大巫。对于礼教，他没有批判扬弃的精神，而只采排斥的态度。并且与康有为一样，要求改革孔教，做孔教的马丁路德。这些都是谭嗣同的致命弱点。其实这些弱点，就是中国市民在意识上的表现，何止谭嗣同一个。在戊戌时代，我们要希望谭嗣同做一个现代哲人，那是超时间空间的妄想。

四、梁启超的民权思想

梁启超是广东新会人。康梁都是广东人。广东是革命的策源地。我不是故意恭维广东，也不是向广东开玩笑。近一百年，最先和欧美接触的是广东人，民众吃洋人耳光，官吏向洋人赔笑脸的悲喜剧，演得最有声有色的也是广东。洪秀全及其他许多太平党人都是广东人。辛亥革命的创造者孙中山先生也是广东人。大革命时代，广东是革命的中枢，成千成万为民族流血、为国家捐躯、为信仰牺牲的可爱青年，大多数也是广东人。如今有人看了落后的广东，也许叹着今不如昔，可是这点丝毫也不会损害广东的光荣历史。

百日政变以前，梁启超在他的尊师康有为的影响下，步调当然与康一致。维新失败之后，六君子壮烈地牺牲了；但康梁却幸运地得英日的保护，侥幸不死。从此以后，康有为仍死抱着君主立宪的思想，以保皇救民为己任。梁启超本是一个好学有为的人，凭着他个人的聪明才力，直接与西方思想文化相接触。晚年，梁启超对于中国历史，对于先秦政治思想，对于清代学术的研究，许多都是值得后人参考的。这就是梁启超锐意接受新文化的明证。在"五四"时代，对于哲学思想史的贡献，梁启超虽比不上胡适之，对于启蒙运动的功劳，又比不上陈仲甫，但他始终是一个开明的学者，仍博得不少人的景仰。在政治运动史上，梁启超更不能与孙中山先生相提并论。可是梁启超并不是一个泥古不化的人，他的政治思想，常日异月新。十九世纪末叶，幼弱的民族资本，虽然借着开明的士大夫的口，长不出象牙，可是，由一八九五年至一九一一年，中国一方面加紧半殖民地化，但民族资本同时也自强不息，欣欣向荣。那时梁启超是第三身份，启蒙运动的权威者。不论梁启超的出身怎样，师承怎样，思想活动前后矛盾得怎样，由一九〇二年《新民丛报》发刊起至"五四运动"止，梁启超是中国思想界最高的权威。在那十三年中，梁启超几几乎成了全国进步分子所崇拜的偶像。回忆我少年时读了胡适之的有条有理显浅明白的文章，读了陈仲甫的慷慨激昂、尖锐明快的鼓动文章，不知不觉中也会五体投地。梁启超在他的黄金时代，也一样受人的崇拜，他的片言只字都是青年必读的典据。陈仲甫说得好：

南海康有为先生，为吾国近代先觉之士，天下所同认。吾辈少时读八股，讲旧学，每疾视士大夫习欧文谈新学者，皆以为洋奴，名教所不容也。后读康先生及其徒梁任公之文章，始恍然于域外之政教学术，粲然可观，茅塞顿开，觉昨非而今是。吾辈今日得稍有世界知识，其源泉亦为康梁二先生之赐。是二先生维新觉世之功，吾国近代文明史所应大书特书者矣。厥后任公先生且学且教，贡献于国人者不少。而康先生则无闻焉。(《驳康有为致总统总理书》)

胡适之先生的著作中，也常常谈到梁启超，都认他是近代思想史的巨星。当胡先生为《科学与人生观》作序的时候，曾提起梁任公的《欧游心影录》。他说：

自从《欧游心影录》发表之后，科学在中国的尊严就远不如前了。一般不曾出过国门的老先生很高兴地喊着“欧洲科学破产了！梁任公这样说的”。我们不能说梁先生的话和近年同善社悟善社的风行有什么直接的关系；但我们不能不说梁先生的话，在国内的确曾替反科学的势力助长了不少的威风。梁先生的声望，梁先生那支“笔锋常带感情”的健笔却能使他的读者容易感受他的言论的影响。（《科学与人生观》胡序）

在民国八九年，梁先生还有很大的“声望”，而梁先生写文章，“笔锋常带感情”，有名声，有健笔，当然其言可以到处受人欢迎的了。

梁任公的著作，真是“汗牛充栋”。一部《饮冰室文集》，非有几年的工夫，不能卒读。把梁任公的思想，整理出一个系统，我想可以在意识形态上，深刻地认识中国市民的多重人格。因为梁任公的思想，正是中国市民的缩写。不过单从启蒙的意义说，我觉得《新民说》最有价值，影响也最大。这一篇文章，是第三等级的人权宣言书。那时孙中山先生的三民主义，还未发表；谭嗣同已死了，只遗下一些未熟的庞杂的著作；康有为已颓废了，只记着一个光绪皇帝。所以这一篇《新民说》，是代表那时第三等级的政治主张。

新民二字，从字义来说是民主国国民的总称。梁启超的“新民”，陈仲甫的“新青年”，都是同一的东西。市民学者有一种偏见，以为个人的优劣，是国家兴衰的大本。正如胡适所说“自由平等的国家不是一群奴才建造得起来的”。当然健全的国家必须有健全的国民，那是不用说的常识。可是以一个人为国家的根基，那是倒果为因的看法。梁启超当时努力提倡民治主义，这是有根有据的思想运动！

> 国者积民而成，国之有民，犹身之有四肢五脏筋脉血轮也。未有四肢已断，五脏已瘵，筋脉已伤，血轮已涸，而身犹能存者；则亦未有其民愚陋怯弱，涣散混浊，而国犹能立者。（第一节）
>
> 譬诸盐有咸性，积盐为陵，其咸愈醶。然剖分此如陵之盐为若干石，石为若干斗，斗为若干升，升为若干颗，颗为若干阿屯，无一不咸，然后大咸乃成。……故英美各国之民，常不待贤君相而足以致治。……何也？以其有民也，故君相常依赖国民，国民不依赖君相。（第二节）
>
> 自十六世纪以来（约四百年前），欧洲所以发达，世界所以进步，皆由民族主义（Nationalism）所磅礴冲激而成。……此主义既极，驯至十九世纪之

末（近二三十年）乃更进而为民族帝国主义（National Imperialism）。……夫所谓民族帝国主义者（即帝国主义——干）与古代之帝国主义迥异。……虽然彼则由于一人之雄心，此则由于民族之涨力；彼则为权威之所役，此则为时势之所趋。……故今欲抵当列强之民族帝国主义，以挽浩劫而拯生灵，惟有我民族主义之一策；而欲实行民族主义于中国，舍新民末由。

这些话说得太明白了。新民的提倡，在于达到富国强兵，在于抵抗帝国主义，即是中国要在反封建反帝的抗争中解放出来，建立资本主义的中国。

但什么是新民呢？梁启超指出新民要有“公德”、要有“国家思想”、“要有进取冒险”的精神，要有“权利思想”、要有“自由”、要能“自治”、要“自尊”、要“合群”……

公德与“束身寡过主义”是相反的。封建主义的束身寡过主义，只是“一私人与他私人交涉之道德”。可是现代社会的人，彼此不可分离，一个人享受“其本群之权利”，同时也要尽“其本群之义务”，人人应有权利义务的思想，这就是公德。国家思想，与忠君思想是对立的。封建社会的子民都是皇帝的奴隶，所以忠君是“天经地义”。但在

“民为邦本”的现代国家里，忠国的道理是“完”，忠君的道理是“偏”的了。进取冒险，是保守的反语。无论某个人或某个阶级，当他或它在勃兴时代，必具进取勇敢的精神。梁启超反对“猾”而赞成“狂”；反对“勿”而赞成“为”；反对“坤”而赞成“乾”；反对“命”而赞成“力”，所谓狂、为、乾、力，就是新兴市民的进取精神。“权利思想”是人权的别名，一个人要有一个人的独立人格，一个人要有一个人的自由权利。群对个人有利，人才爱群；国于个人有利，人才爱国。“国家譬犹树也，权利思想，犹树根也，其根既拔，虽复干直崔嵬，华叶蓊郁，而必归于槁亡。”自由是市民解放的三大目标之一。梁启超把自由分六类：（一）四民平等；（二）参政自由；（三）属地自治；（四）信仰自由；（五）建国自由；（六）劳动自由。自立，怀疑精神，是自由的另一解释。人人应有自信力，不做他人的奴隶。“我有耳目，我物能格；我有心思，我思我穷；高高山顶立，深深海底行，其于古人也，吾人时而思之，时而友之，时而敌之，无容心焉？以公理为衡而已，自由何如也。”自治就是要有制裁，要有秩序，要有规矩。真能自治的人，他人想干涉他也干涉不来，不能自治的人，他人想干涉他也无从干涉。

人人要有爱群心，人人要有爱国心，人人要有进取心，人人要有权利心，人人要能自由，人人要能自治自尊，这些都是市民的朝气。这些朝气，民权学说，在“五四”中国民主要素已成熟的时候，又借着陈仲甫的嘴和笔，再发表一次，可惜那时梁启超已躲在书室里，研究古董，思想的霸权已落在别人的手里去了。

第四章 “五四”新文化运动

一、“五四”文化运动的社会基础

所谓新文化，在“文化”之上，加上一个新字，是指资本主义文化，不是指比资本主义低一级的封建文化，也不是指比资本主义高一级的文化。在世界历史上，资本主义文化的兴起和封建文化的没落，是反映着资本主义经济的兴起和封建经济的没落的。在十八世纪，法国资本主义势力非从封建的桎梏中解放出来不可的时候，相应着这种经济关系的变化，出现了在世界文化史上留下不灭的光辉的启蒙运动。在英国、在德国、在俄国以至在其他各国，在新旧经济关系的蜕变之中，必然有一次文化运动出现。

中国的机械工业，是西方资本势力东侵以后的产物。

所以张李的洋务运动、康梁的维新运动和孙中山先生的三民主义，是新旧转变期中的意识的反映，也可说是新文化运动。尤其是三民主义的鼓吹和国民革命的胜利，粉碎了二千多年的中央集权专制主义，建立了所谓自由博爱平等的中华民国。新思想运动，确曾尽过很大的使命。可是在辛亥革命之前，资本主义势力仍非常幼稚，经济的未成熟性，使文化运动不能与社会运动配合起来；使文化运动不能作社会运动的有力的连环，民国终于流了产，变了不伦不类的共和制。

民主要素在这一次运动中，得了极大的教训。他们继续记着“革命尚未成功”的遗训，准备再来一次更深广更彻底的社会运动。感天谢地，得了世界大战这一次大屠杀的“好处”，居然来了一个空前绝后的黄金时期，出现了被称为文艺复兴的“五四运动”，为民国十四年的国民革命，作了一个开路先锋。

新文化运动与中国资本主义的兴起，原是互为表里的。新文化是民族资本的势力膨胀的表现形态，民族工业的兴起，又必然掀起了新的文化运动。因此，要想了解“五四”文化运动，对于资本主义的发生过程，是万万不能放过的。一说到这一点，就有各种奇怪的看法了。有人否定了封建社会与资本主义社会的连续关系，以为在这两个社会之间，还有一个中间形态。这个形态，有人说是商业资本主义，有人说是先资本主义，有人说是专制主义，也有人说是亚细亚生产方法。这些论调，理论上、历史上都不能成立，这在中国社会史的论战中已成为定案的了。因为，所谓前资本主义或先资本主义的现象，只是一些特种封建社会的末期的现象，绝不能作为新的社会构成的根据。主倡专制主义说和主倡亚细亚生产方法说的人，也只以某种政治形态，或以“水”的理论和“社会的机能”，来说明东洋社会，这些都不是历史的正论，不足为据的。总之，并不是说中国封建社会史缺了一般的规律性，也不是说它没有半点特殊性。中国封建社会，是特种封建社会，在特殊形态中，仍贯彻着封建社会的法则。

再说到中国资本主义的发生，又有立在反对地位的两派。一派以为资本主义的先决条件在鸦片战争前已完全成熟了。这十年的历史，是民族资本建国的历史，今日的中国，是一个资本主义国家。这一派我不妨以李季先生作代表。第二派又以为中国资本主义的兴起和西方各国采着完全不同的路线，缺了工厂手工业时期。大机器工业由外国输入，和中国社会的历史没有任何必然的连续关系。这一派也不妨以邓云特先生作代表。

李季先生认为：

要有资本主义的生产出现，必须先有一个垄断生产工具与生活资料的阶层——资产阶层，和一个一无所有，专靠出卖劳动力维持生活的阶层——无产阶层。……（《中国社会史论战批判》九六页）

中国有没有具备这两个条件呢？李先生的答复是“有”的。他肯定了中国“早已具备了这两个条件”。他说：

中国在鸦片战争前早已具备了这两个条件，所以自五口通商，西洋的新技术输入以后，我们的产业资本主义便马上可以发轫了。

资本主义“发轫了”以后，经过一八六〇年的“军用工业”时期；经过一八八〇年的“官办轻工业”时期；经过促进新式产业的一种动力的甲午一役；再经过轻工业机崛起的“欧战期间”；又经过了予半封建半家长式的农村经济以一种重大打击的“大革命”时代；于是“资本主义的生产方法”就“确确切切”地站在“领导”的地位，于是今日的中国是“资本主义的社会”了。（九八至九九页）

以今日的中国，为一个资本主义社会，不是瞎了眼睛就是别有某种动机。然而这种不当的观察，是由于对中国资本主义的先决条件，认识不正确的缘故。

李季先生所了解的中国社会，与各国全无差别；相反的，邓云特先生所了解的中国社会，又与各国全不相同。

邓先生问道：

> 中国自身在“开辟”以前，究竟“准备”了哪些“资本主义的前提条件”呢？（《中山文化教育馆季刊》，四卷一期一〇五页）

他又回答自己道：

> ……在资本主义侵入前，……当时手工业的经营，根本没有达到工厂手工业的阶段。……
>
> 正因为中国自身的工业生产没有达到工厂手工业的形态，所以在闭关形势打破之后，才会变成国际资本主义统治下的半殖民地的经济结构。（一〇六页）

说今日的中国是一个半殖民地，说鸦片战争之前，工厂手工业，只在“萌长的过程中，还没有完成”（一〇六页），工业生产，还未发展到工厂手工业的“完成阶段”

（一〇五页），是对的。要是只强调它的特殊性，忽然性急地以为中国社会的发展有了变则，在外力侵入之前"根本没有达到工厂手工业的阶段"，"没有达到工厂手工业的形态"，这种跳跃说也是要不得的。要是死抱着这个偏颇的主张，不肯放手，邓先生虽然嘴里也反对"外铄论"，而骨子里却已变了"外铄论"的"俘虏"，因为"外铄论者都主张外力万能，抹煞社会的内在的历史条件。……"（一〇四页）

李季先生的无差别说固然不对，邓先生的全差别说却也不对。因为他们都不能具体地观察中国历史的"客观事实"。

日本历史家信夫清三郎在中日战争前中国工业的发展阶段（《历史科学》一九三六、二）中，根据许多史料，说明鸦片战争之前，中国已有了各种工厂手工业的存在。

> 在上文的叙述中，大家都看见清朝丝织工业中工厂手工业的各种形态，所有材料，大多采自三十年代各种报告书里面的。（一四八页）
>
> 地主李鸿章所生长的清朝社会，是由手工业时代转入工厂手工业时代；那时欧美资本主义的商品，又从外面流入来，泛滥了全面市场。（一五六页）

苏联史学家鲍勒呵夫的见解，也不相上下：

> 十八世纪中发达起来的私营手工业，到了十九世纪末，最大的只拥有六七十个工人的小手工厂。这些工厂，一直到了十九世纪末，才开始急速发达。但在同一时期中，中国已开始大机械工业时代了。(《东洋封建制度史论》七八页)

德国很有名的中国问题专家韦特伐格尔在他的大著《中国的经济与社会》中，以很严密的方法和丰富的材料，分析中国工厂手工业。他虽然不承认中国有纯粹的、纯欧罗巴式的工厂手工业，但在盐、铁、煤、五金、磁、瓦、纤维工业中，也有特种工厂手工业的出现。

> 欧洲工厂手工业时代中典型的私营纤维工业，在中国未曾达到同样大小的经营形式。大规模的矿山算很发达，但却不大刺激生产，也不大合乎自然科学的方法。卡尔所说典型的工厂手工业的生产，对于重商主义的推动作用，这种形态，在中国的私营工厂手工业中，是没有的。(《中国的经济与社会》下卷一三〇页)

因此，我们可以说，无差别说与全差别说，都不是正当的看法。前一派必然以为中国与西方完全如出一辙，后一派又以为中国社会是一个变则的社会。这些都是片面的说法，对客观事实的估计，是没有多大帮助的。中国社会固不是与欧美各国，走着一模一样的道路，也不是变则社会，缺了历史的规律性。不是完全相同，也不是完全不同，而是在特殊运动中，符合一般法则。我说过："如果没有资本主义的种子，列强的侵入不一定一下子就可以移殖新的技术；如果中国封建社会是循着正常的轨道发展，也许不经过外铄的作用，中国也自动会开放一灿烂的资本主义之花朵来了。"这句话是说中国社会的内在条件，使工厂手工业具有各种特点，但中国毕竟也通过了这一阶段，所以外资侵入，中国也十分容易接受新式的技术。可是正在中国到了特种手工业时期，外来的力量已侵入来，不许中国资本主义自在地开花结子了。于是经过军用工业时期，经过官办轻工业时期，再经过商办轻工业时期，中国已渐渐降为一个半殖民地，在中国这个特殊国土中，土著资本的力量，始终是比不过外资的。

中国资本主义的划期转变，不在军用工业时期，不在官办轻工业时期，也不在商办轻工业时期，而在于大战的前后，在于金融资本暂时放下屠刀的一霎间。

在大战中，突飞猛进的民族工业，首推纺织工业。土著轻工业的发展与战后在各大城市中纺织工厂的增加，使中国的对外贸易，改变了一种关系。棉织品的入口贸易大减，棉花的入口却大增。丝厂的数目是增加了，重工业中的煤铁生产也是增加了，机械进口额也增加了，新式银行也增加了，对外贸易的数量也增加了。当然我们不能否认工业增加的速度，只可表示一种趋势。说到那趋势中所含有的社会关系，数字不能充分地指示出来。例如纺织工业是兴起了，但外资的速度，始终比华资增得更快，煤铁生产虽然是增加了，但英日对重工业的控制也随着紧张起来。机械入口是增加了，但机械是否用于本国工厂或用于外国工厂，是否用以生产，抑或用以实验，都代表着完全相反的意义的。对外贸易是增加了，但仍始终保持着入超。新式银行的设立，有时不一定是民族工业发展的表现。凡此种种，不单求量的增加，而更应求质的改善。但无论如何，在敌人暂时放下屠刀的时候，中国资本主义终于松了一口气，开着一朵美丽的鲜花了。

在内政上，在外交上，那时也刺激知识分子的爱国情绪，使他们不能不起来作广大的民主运动。打倒侵略者，首先打倒远东侵略者，打倒军阀，首先消灭北洋军阀。

反正时代，因为在社会基础上，缺了民主要素，于是像袁世凯这一流老奸巨猾的人，要从中操纵，出卖了他自己的皇上，又出卖了民主主义者，造成了反正以来的古怪的政体。袁世凯掌握了北京的实权以后，立刻准备对革命派施以最后的打击。民国二年二月国会选举中国民党的胜利，宋教仁暗杀事件的发生，加强了他们之间的冲突。于是袁世凯为镇压革命分子计，突然发表五国善后借款。李烈钧在江西起义，发动了第二次革命，但九月三日南京的失陷，结束了这一次政变。袁派是大胜了。接着十月十四日袁世凯就任了大总统，继而解散国会，修正了《临时约法》，废内阁制，总统集中军政大权。又在民国四年十二月十一日，废共和，行帝制。五年一月一日，唐继尧在云南揭起反帝制的内战，出现了所谓第三次革命。袁不得不在三月中取消帝制，六月忧愤而死了。

袁世凯死了，黎元洪做了总统以后，实行南北议和，再召集第二次国会。但当时北京政府的实权，在段祺瑞的手里。后来因为对德宣战问题，引起黎段的争执，于是段又解散了国会。民国六年，张勋复辟的怪剧又起了。广东派国民党议员，七月，在广州召集非常议会，组织军政府，以孙中山先生为大元帅。从此以后，中国就分裂为南北两大政权了。北方以段祺瑞为首领，是日本的傀儡。他们前后向日本借款五万万元，并与日缔结中日军事协定，加强了英美对日的仇恨，造成了日后的皖直战争。而南方各省，滇唐桂陆，事实上不但不与大元帅合作，且事事对军政府加以掣肘，使进步的势力，不能有所振作。

同时在外交方面，也闹得乌烟瘴气。大战中，日本无时无刻不想乘机独霸东亚。它从来不肯失过一次机会，于是利用帝国主义的火拼，单独向中国下手。袁世凯在民国三年八月六日，宣布中立，日本即在八月十五日向德宣战，并准备进攻青岛。日本在山东龙口登岸，袁世凯却老实不客气地让出莱州龙口与接近胶州湾的附近作为交战地点。让日本从容占领了青岛，控制山东全省。但日本不仅要染指山东，更想乘此机会，一举而独占全中国。于是在民国四年一月十八日向袁世凯提出二十一条条件。到五月九日袁世凯只得唯命是听地命曹汝霖签了字。这是帝国主义侵略中国历史中破天荒的文书。如果真要一一执行，中国等于亡国。民国六年二月以后，有些人主张追随美国，对德宣战，企图以美制日。但日本早已看破了中国人的这种心理，在中国未决定对德宣战之前，先与英俄法意四国协商，要求保证日本承继德国在山东的利益和德国在北太平洋的岛屿，作为中国参战的先决条件。又因为借款关系，章宗祥正式向日本追认“二十一条”，在山东善后协定的复文中，写了“欣然同意”的词句。

得了四强的秘密保证，又得了卖国政府的“欣然同意”，日本的“要求”当然是“名正言顺”了。但对于一九一九年一月的巴黎和会，中国还自认为战胜国之一，以为在会议中可收回一点权利。加以美总统所提倡的民族自决政策，更使一般人怀着幻想。不料巴黎和会，仍规定德国在山东的权利，一律让与日本。巴黎和会上所谓山东问题的失败消息传到国内以后，全国哗然，尤其是知识分子，燃起了反侵略反卖国官僚的火焰。

在经济基础上，有了民主的要素，在内政上、外交上，又遭着军阀侵略者的共同压迫，民主运动是必然到来的一种变革。“五四”学生示威运动，打倒卖国贼，捣北京政府的血案，就是未来的政治改革运动的预兆，大暴风雨到来之前的象征。然而现代民主主义运动，绝对少不了一个或儿个政党；同时启蒙运动，在各国革命史上，往往出现于大规模的政治运动之前。文艺复兴是欧洲民主运动的先驱，法国十八世纪的启蒙运动是法国大革命的前哨。这是历史上的教训。那时中国虽具有民主运动的基本条件，但强有力的政党未曾结成，全国民众也未曾广泛地觉醒。在那时候，先来一次轰轰烈烈的启蒙运动，一方面促代表各阶层的政党出现，一方面又促民众的觉悟，那是历史上所必经的一个连环。因此，由于爱国示威而来了一个被称为文艺复兴的新思潮运动，那不单是几个先知先觉者宣传的结果，而是中国社会运动史中的一种必然的现象。

中国民族解放运动的性质，是反帝的民主主义运动，所以文化运动的主要任务，也在灌输民主思想，宽泛点说，是资本主义文化。用陈仲甫先生在《本志罪案之答辩书》(《新青年》六卷一号）里所举出的两大任务，一是拥护“德谟克拉西”，二是拥护“赛因斯”。

> 要拥护德先生，便不得不反对孔教、礼法、贞节、旧伦理、旧政治；要拥护赛先生，便不得不反对旧艺术、旧宗教；要拥护德先生又要拥护赛先生，便不得不反对国粹和旧文学。（十页）

所以新文化运动的根本任务，是灌输民主和科学；提倡个人主义，培养怀疑和评判的精神；反对伦常纲纪，反对旧礼教；主张文学革命，提倡新文学。这些都是资本主义文化的主要内容。民主政治是资本主义社会的政体，科学是资本主义社会的灵魂。个人主义、怀疑和评判的精神是人的解放的基本条件，也是自由竞争在文化上的反映。反对旧伦理，就是反对封建思想。提倡文学改革，是以最适合于口头语的文字来做灌输新思想或评判旧思想的利器。

这几种“罪案”，正确点说，文化使命，就是适应着民主运动的启蒙工作。民主、科学，人的解放；反对礼教、文学改革，谁敢说不是资本主义文化运动。

二、民主主义与政治改革

陈仲甫先生在《法兰西人与近代文明》(《新青年》创刊号）中说：近代文明足以改变人心的，有三件事，其一就是“人权说”。人权说是自由、平等、博爱，是反对君权，提倡民治。他说：

> 法兰西革命以前，欧洲之国家与社会无不建设于君主与贵族特权之上，视人类之有独立自由人格者，唯少数之君主与贵族而已。其余大多数之人民，皆属于特权者之奴隶，无自由权利之可言也。自千七百八十九年，法兰西拉飞耶特（Lafayette,《美国独立宣言书》亦其所作）之《人权宣言》(*La declaration des droits de l'bommes*）刊布中外，欧罗巴之人心，若梦之觉，若醉之醒，晓然于人权之可贵，群起而抗其君主，仆其贵族，列国宪章，赖以成立。(一页)

当时新文化运动的先觉者，一开始就鼓吹民主政治，提倡人权，反抗君主，反抗特权。在《东西民族根本思想之差异》（一卷四号）中，陈先生又指出了：

西洋民族，以法治为本位，以实利为本位；东洋民族，以感情为本位，以虚文为本位。

所谓法治，当然也是民主政治。过了两个月，又发表了《吾人最后之觉悟》（一卷六号），指出我们应觉悟的两点，第一点是“政治的觉悟”。陈先生要求我们觉悟：

吾国欲图在世界之生存，必弃数千年相传之官僚的专制的个人政治，而易以自由的自治的国民政治也。

想要实现国民政治或立宪政治，必须我们出来干政。于是他要求我们应该觉悟，“自居于主人的主动的地位”，应该“自进而建设政府自立法度，而自服从之，自定权利而自尊重之”。陈先生并不是空空泛泛地提出民主对于政治问题，是以立宪为历史的产物。立宪是人人的事体，不是少数人的私产，因此也不应希望伟人大佬建设共和，而应“出于多数国民之自动”（三页）。

这两篇文章是民国五年前写的，到了民国七年，即迟了两年，陈先生的政治主张是更加具体化的了。他在《今日中国之政治问题》（五卷一号）中，大声疾呼，政治是“关系国家民族生死存亡”的问题。他的政治主张是：

（一）要排斥武力政治；

（二）要抛弃以一党治国的思想；

（三）要决定革新的国是。

陈先生痛斥武力政治的罪恶，以为不废除武力政治，“不但共和是个虚名，就是复辟也没有办法”（二页）。要想“政象清宁”必须排斥武力政治，无论北洋派或西南派，都要把“有用的武力，用着对外，不许用着对内”（二页）。陈先生又痛斥以一派势力统一中国的“迷梦”，以为这种迷梦不打破，大家“互想统一，互夺政权，争夺不休，必至外国人来统一而后已”（二页）。因此他就主张“北洋国民进步三党平分政权”的“办法”，又赞成“一党组织内阁”的“梦想”（二页）。陈先生更痛骂大权政治，痛骂天神，痛骂圣王，痛骂神权君权，而要求“改用立宪共和制度”，要求“专重民权、法治、平等的精神”。

反对军阀政治的“武力政策”，提倡“立宪共和制度”，主张“北洋国民进步三党平分政权”，当然这是民主政治的很具体很大胆的主张了。这些文章，都是民国四年至民国七年间写的。在这几年中，袁世凯压迫国民党，解散国会，修改宪法，称帝复辟；段祺瑞解散国会，张勋复辟；南北政权分裂，南北保守势力互相勾结；督军政治，正是这时代的特点。陈先生在那时候，排斥以武力统一中国的迷梦，鼓吹民主共和制，鼓吹几个代表民意的政党干预政治，不但可见他的政论，更具体，更明确，而且也可见他的论调，是对着时势而发的。

不过陈先生对于政治理论的了解，还很肤浅，很抽象，很空洞。譬如他在《袁世凯的复活》(二卷四号)中，认为袁世凯“废共和复帝制”，只是“恶果”，并不是“恶因”；只是枝叶的罪恶，不是根本的罪恶，是对的。因为袁世凯的帝制思想和行动是有社会的根源的。说到这一点，陈先生的片面观察，就完全表露了。他说：

> 若夫别尊卑，重阶级，主张人治，反对民权之学说，实为制造专制帝王之根本恶因。吾国思想界不将此根本恶因铲除净尽，则有因必有果，无数废共和复帝制之袁世凯，当然接踵应运而生，毫不足怪。(一页)

他原来是说帝制思想是复辟的根本恶因。在另一地方，他又用别一形式再提起这个问题。他相信共和国体并不安稳而有可能变动，因为此时我们中国多数国民口里虽然是不反对共和，脑子里实在装满了帝制时代的思想。欧美社会国家的文明制度，连影见都没有。要共和制度安稳，就先要铲除旧思想，说：

> 如今要巩固共和非先将国民脑子里所有反对共和的旧思想，一一洗刷干净不可。（二页）

他特地用旧思想与国体问题这个题目，来发挥这种议论。总之，他觉得旧思想与共和制是万万不能调和，彼此绝不能并立；要巩固共和政体，就要完全洗刷旧伦理、旧文学。

这两段话代表伦理的两面：旧思想是帝制的根本恶因，要反对帝制，赞成共和，必先扫除旧观念、旧伦理。在《今日中国之政治问题》（五卷一号）中，也有这样的话：

> 目下一切政治的不良现象，追本求源都是“武人不守法律”，为恶因中之根本恶因。（一页）

陈先生的意见是：以思想、以法律，来解释政治问题：中国政象不良，共和制度不稳，因为中国有旧思想，中国法律不能行使职权。如果有人不相信，提出反问：为什么平等博爱自由的中华民国，还有封建伦理观念？为什么军阀在国土里能够无所顾忌，无所不为？这能不能怪中国人的头脑不好，死抱着国粹国情，不肯接受文明制度？能不能怪中国军人不好，一有枪在手，就“焚杀淫掠”呢？不能的，这问题应该追寻到最深处。在反正时代，民主要素未能结成巩固的阵线，未能发挥各集团的力量，因此，也不能推动革命到理想的境域去。反之，落后的分子、大官僚、大地主，以至北方落后市民及其党派，以中国经济的落后性为他们的活动地盘。封建王朝虽然倒了，但相继而起的督军政治，本质上与满清政治并没有差别。因此，封建观念也因此保留下去。封建经济留存，封建势力复活，是民国反正以后督军政治复辟等现象的根基，其他都是枝叶的罪恶。

那时离经叛道的思想家，不单追求着民主制度，并且也憧憬着社会主义。陈仲甫先生很了解民主运动虽已打破了欧洲旧社会制度，使人人平等，但平等并非完全实现，私有制度仍然存在，所谓平等，只是法律上的平等。而且“自由竞争人权之说兴，机械资本之用广”，结果遗害更大，于是由“政治之不平等一变而为社会之不平等”。这是近代文明的“缺点”。要去此不平等，应实行社会主义。

近世文明之发生也，欧罗巴旧社会之制度，破坏无余，所存者，私有财产耳。此制度虽传之自古，自由竞争之说兴，机械资本之用广，而害遂演而日深。政治之不平等，一变而为社会之不平等，君主贵族之压制，一变而为资本家之压制。此近世文明之缺点，无容讳言者也。欲去此不平等与压制，继政治革命，而谋社会革命者，社会主义是也。(《法兰西人与近世文明》一卷一号二页)

但是陈先生以为社会革命，虽已摇动着欧洲社会，但财产制度不会“遽废”，最合时宜却是“保护工人限制兼并”的“社会政策”。这种议论，在《俄罗斯革命与我国民之觉悟》(二卷二号)中，可以看出来。他所了解的十月事变，只是反君主主义，反侵略主义的事变。

俄罗斯之革命，非徒革俄国皇室之命，乃以革世界君主主义，侵略主义之命也。(二页)

十月事变，不仅是反君主反侵略的运动，也不仅是民主主义，人道主义的运动。这些都是枝叶的看法，它的根本任务，在于社会变革。即是陈先生所说：取消社会上的不平等。陈先生以不能“遽废”不能“遽行”的制度，不料在发表文章的后三年，旧的忽而“遽废”，新的忽然“遽行”的了。

对于这个新问题，李守常先生的观察，算最有见地。

当民国七年底全世界庆祝联军胜利的时候，李先生却大声高呼：

> 这回战胜的，不是联合国的武力，是世界人类的新精神。不是哪一国的军阀或资本家的政府，是全世界的庶民。(《庶民的胜利》五卷五号四三六页)

因此，这回战争，有两个结果，一是政治的结果，二是社会的结果。政治的结果，是“大……主义（即军国主义）失败，民主主义战胜”（四三六页）。社会的结果是“资本主义失败，劳工主义战胜”（四三七页）。民主主义劳工主义胜利就是“庶民的胜利”。将来的“世界”是一个“大工厂”，“有工大家做，有饭大家吃”。在《Bolshevism 的胜利》里，他又歌颂十月事变，认“十月”为“廿世纪世界人类人人心中共同觉悟的新精神”（五卷五号四四八页）。里面有一段话，描写庶人的力量，预测世界的动向，可以暗示这位政论家，对于社会改革的寄意。

> 廿世纪的庶民运动，是合世界人类为一大群众。这大群众里边的每一个人、一部分人的暗示模仿，集中而成一种伟大不可抗的社会力。这种世界的社会力，在人间一有动荡，世界各处都有风靡潮涌山鸣谷应的样子。在这世界的庶民运动的中间，历史上残余的东西，什么皇帝咧、贵族咧、军阀咧、官僚咧、军国主义咧、资本主义咧，——凡可以障碍这新运动的进路的，必挟雷霆万钧的力量摧拉他们。（四四七页）

在同期《新青年》中，陈仲甫先生也写了一篇文章：《克林德碑》。陈先生对义和团大加抨击，毫不客气。他相信造成义和团或造成“克林德碑”的，一是道教，二是佛教，三是孔教，四是“儒释道三权合一的中国戏”，五是“守旧党”（四五三至四五五页）。他只看见了义和团的消极面，而完全忘记了义和团的积极面，忘记了义和团是反帝反封建的庶民运动，只希望我们“向共和的科学的无神的光明道路”走（四五八页）。但李先生听了“拆毁克林德碑砖瓦的声音”（四四二页），却想起庶民的胜利，想起十月的胜利，想起庶民有排山倒海的力量，庶民是改造全世界的主力。那时候启蒙运动家中前进与落伍的界线，是太明显的了。

三、科学的方法与新世界观

陈仲甫先生早已声明他们所拥护的一是德谟克拉西，二是赛因斯。德先生是一个政体，一个政治理想；赛先生是一种方法，一种哲学，一种世界观。现在来说赛因斯。无论哪一种思想，都有它自己的哲学。西洋由希腊的亚里士多德一直到俄国的伊里契，中国由老子一直到康有为、梁启超，都有他们的哲学。严格说起来，一切哲学，只有唯物论和观念论两派。在这两派的一元哲学之间，还有中间哲学派别，或者承认两种基本原理，或偏于某一方面，那是二元论。“五四”的启蒙运动家，人人都想做到一个唯物论者，但不幸他们的哲学始终是二元论。陈仲甫、胡适之、丁文江、吴稚晖，都是二元论者。例外的只有一个李守常先生，大体上是新唯物论的代表。

陈仲甫在他的著作中，最先触到哲学问题的是《今日之教育方针》(一卷二号)。这篇文章指出现实主义是教育方针之一。所谓现实主义是：

> 个人之于世界，犹细胞之于人身，新陈代谢，死生相续，理无可逃。惟物质遗之子孙……精神传之历史……个体之生命无连续，全体之生命无断灭。以了解生死故，既不厌生，复不畏死。知吾身现实之生存，

为人类永久生命可贵之一隙，非常非暂，益非幻非空。现实世界之内有事功，现实世界之外无希望，唯有尊现实也，则人治兴焉，迷信斩焉。（三页）

陈先生提出个人与世界的交互关系，是正确的，但一提到认识问题，却又表示他自己是一个相对论者、主观观念论者。他说“官能妄觉，现象无常”，又说“觉官有妄，而物体自真，现象无常，而实质常住”（三页）。这就是二元论。说“物体自真”的时候，是唯物论，说“官能妄觉”的时候，却是观念论。然而“现象”和“物体”，虽然是两件事：一是人对外界的认识，一是外界；一是思维，一是存在。但那两者并不是绝对对立的。如果截然把它们分开了，这不是唯物论，而是“不可知论”了。

陈先生与有鬼论者易乙玄辩论有鬼无鬼的时候，大致可说是一个无鬼论者。他声明了“吾人感觉所及之物，今日科学，略可解释”（《有鬼论质疑》四卷五号四〇八页）。承认认识是起于感觉，承认客观的存在，那是可知论者、唯物论者。不幸在陈先生再申论“质疑”的时候，忽而又说：“既云鬼形鬼声可诉诸感官，则无论真幻，均属感觉以内之事。”外界的“真幻”，都“属于感觉以内之事”，不是主观观念论者是什么？

对于旧礼教的评判，对于个人主义的评价，对于政治运动的认识，陈先生都不免是一个二元论者。由陈先生正式投身于政治活动起，至他颓唐了为止，七八年间，他始终站在思想界的前头，一言一语，都有极大的影响力。在大革命时代，他所作的政论，仔细考察起来，不只可以看出了陈先生的哲学方法，并且可以寻着了等候主义的政治方法。这点暂时没有细说的可能。在民国十二年陈先生替《科学与人生观》作序的时候，他是新唯物论者的代表。对张君劢、梁启超、范寿康、任叔永、丁文江的批评，特别对胡适之的二元论的驳斥，可算代表当时最高的哲学水准。但在这篇序文中，也脱不了二元论的残余。他说：

> 自然科学已经说明了自然界许多现象，这是我们不能否认的；社会科学已说明了人类社会的许多现象，这也是我们不能够否认的。（陈序三页）

说科学只能说明现象，而不说科学也可能说明现象的本质，明明白白又是一个“不可知论者”的公开状。

胡适之是“五四”时代启蒙运动的副将，在哲学上他是一个实验主义者。实验主义是什么？这是“尊重事实尊重证据”的“态度”，是一种实证的精神。即皮耳士所说“科学试验室的态度”，也即是赫胥黎的名句“拿证据来”的意思。要尊重事实，要尊重证据，是有经验唯物论的精神的。可是，胡先生以它为出发点，却只承认“一切学说理想都当作待证的假设”(《介绍我自己的思想》)。只承认“科学律例，不过是一些最适用的假设，不过是现在公认为解释自然现象最方便的假设”(《实验主义引论》六卷四号三四二页)。只承认“律例不过是人造的假设，用来解释事物现象：解释得满人意，就是真的，解释不满人意，便不是真的，便该寻别种假设来代他了”(三四三页)。说得最明显的莫如这一句“一切‘真理’，都是应用的假设”(三四四页)。这就是胡适之的实验主义。

总之，一切真理都只是假设。在这点上，胡适之成了一个相对主义者。其实假设不过是认识的一个过程，到了这个过程，人们的认识不会止步，还要通过实验、实践，对假设加以补充、修正、订正，建立了某种法则。公社是向着奴隶制崩溃的；不自由社会的历史，是社会对抗的历史；那是历史科学的真理，再不是什么假设的了。地球是圆的，地球是绕日运行，不是日绕地球运行；这是自然科学的真理，也不是什么假设的了。人类的实验，实验的第一步是发现许多假设，第二步是选定最适用的假设，第三步再通过实验、实践，使假设变了真理。实践是真理的基准，实践使人们提出假设，证实假设，建立真理。所以认识不是相对的，而是积集无数相对真理，以接近绝对真理。胡先生既然把真理看作主观的、任意的，不把它当作客观的反映，也就不能不说“真理不过是对付环境的一种工具”（三四五页）。

> 我们现在且莫问那绝对究竟的真理，只须问我们在这个时候，遇着这个境地，应该怎样对付他：这种对付这个境地的方法，便是“这个真理”。……因为这个真理，是对付这个境地的方法，所以他若不能对付，便不是真理；他若能对付，便是真理：所以说他是可以证实的。（六卷四号三五四页）

这个意思，是等于杜威的“哲学基本概念”：“知识思想是人生应付环境的工具”。真理、知识、思想，是应付或改造环境，支配或控制世界的工具。问题的提起是对的。可是真理能够对付环境，它必定是客观的实在。但实验主义者的看法刚相反，他们相信对人适用的才算真理，不适用的就不算真理了。我们固可以说，真理的客观性和认识的主观性是统一的。即是说，认识真理的是人类；但人类不是超时间超空间的怪物。最高天才的学者，也不能站在社会之外，必属于某集团的一员，那集团的利害决定了他的立场。要是这集团不落伍，只知向前，不知退后，他们一定关心着客观的真理。所以认识的客观性，同时又包含着党派性。但胡先生却把事实颠倒过来，以为适用的才算真理，不适用的就不算真理；又把一个抽象的“人”的概念，来抹煞了党派的意义，这是主观观念论者。实验主义者说：有用的就是正确的；我们说：因为知识正确，知识才有用处。

因为胡适之把真理的客观性取消了，所以永远不敢正视现实。他们只承认“一点一滴的不断的改进”，“一点一滴的解放”，“一点一滴的改造”，成了一个“一点一滴论者”。

> 文明不是笼统造成的，是一点一滴造成的。进化不是一晚上笼统进化的，是一点一滴的进化的。（《介绍我自己的思想》）

民国十二年科学与人生观的论战，其意义仅亚于民国十七年以后中国社会史的论战。在这一次论战中，最可夸耀的是丁文江和吴稚晖。丁先生是一个反玄学的开路先锋，吴老先生却是一员“押阵老将”。丁先生首先挥手痛打张君劢，吴稚晖却打了最后的一场。

可是丁先生虽然以打玄学鬼为己任，但他的哲学，与张君劢的玄学，并没有根本的不同。不同的只是丁文江的哲学夹杂了许多科学的名词，而张君劢的玄学，只排列了许多“玄之又玄的”词句罢了。张先生以为人生观是主观的，直觉的，综合的，自由意志的，单一性的，所以人们都叫他做主观观念论者。丁文江也认为：

> 我们之所谓物质，大多数是许多记存的觉官感触，加了一点直接觉官感触。假如我们的觉官的组织是另外一个样子的，我们所谓物质一定也随之而变——譬如色盲的人眼睛里头蔷薇是绿的。(《科学与人生观》,《科学与玄学》七页）

又说：

> 我们所晓得的物质，本不过是心理上的觉官感触，由知觉而成概念，由概念而生推论。科学所研究的不外乎这种概念同推论，有什么精神科学，物质科学的分别？（九至十页）

这是说，感觉决定物质，科学所研究的是这种感觉所生的概念和推论。这种哲学的开山祖，是巴克列的唯我论、马哈的要素论、波格达诺夫的经验一元论，丁文江的科学只不过是这种哲学的变种而已。

胡适是极称赞吴稚晖的“一个新信仰的宇宙观及人生观”的。吴稚晖的人生观、宇宙观就是梁任公所明白攻击的“纯物质的纯机械的人生观”，也是张君劢所攻击的“机械主义”。关于这篇力作的意义，借胡适的话是：

> 他一笔勾销了上帝，抹煞了灵魂，戳穿了“人为万物之灵”的玄秘。（胡序二〇页）

又说：

> 从此以后，科学与人生观的战线上的押阵老将吴老先生，要倒转来做先锋了！（二一页）

虽然如此，吴稚晖的哲学虽最富于唯物论的精神，可是他的观点，依然也不彻底。对于宇宙的生成，他的说法迹近神话；又说世界先有意志才起变动；又以为有感觉的才是物，不能感觉的不是物；又不能根本解决思维与存在的问题；这些都是极大的缺陷。

“五四”启蒙人物的哲学，是非常狭隘的。只有李守常的哲学思想，在“五四”启蒙运动者中，才算杰出。他一出发就有过人的见识。在胡适大谈“多研究些问题”的时候，李先生已提出了相反的见解，认为研究问题不能离开方法，缺了主义。在大战和平了结，人们张灯结彩，庆祝“人道主义”胜利的时候，他却说联军的胜利是“庶民的胜利”。

他的三篇哲学著作，《青春》（二卷一号）与《今》（四卷四号）两篇，是“五四”时代关于动的逻辑的代表作；《由经济上解释中国近代思想变动的原因》（七卷二号）一篇，是中国人最先以唯物眼光，来考察思想史的尝试。他说青春是“无尽”，“无初无终”，“无限无极”，“无方无体”，是“生死、盛衰、阴阳、否泰、剥复、屈信、消长、盈虚、吉凶、祸福、青春、白首、健壮、颓老”的“轮回反复”，“连续流转”。这意思，第一指出，宇宙在空间上是无穷大，在时间上是无穷长，是无边无际，无始无终。第二指出，宇宙的运动是由于矛盾的对抗，宇宙的运动，造成了无尽的青春。

其变者青春之进程，其不变者无尽之青春也。其异者青春的进程，其同者无尽之青春也。其易者青春之进程，其周者无尽之青春也。其有者青春之进程，其无者无尽之青春也。其相对者青春之进程，其绝对者无尽之青春也。其色者差别者，青春之进程，其空者平等者，无尽之青春也。（三页）

凭着这个哲学观念，对于中国，应该彻底反省，不应保守着旧的中国，而应创造新的中国。

吾族青年所当信誓旦旦，以昭示于世者，不在龈龈辩证白首中国之不死，乃在汲汲孕育青春中国之再生；吾族今后之能否立足于世界，不在白首中国之苟延残喘，而在青春中国之投胎复活。（六至七页）

这个动的无始无终的青春观念，又生出一个战斗的人生观。世界既是动的，又是无始无终的，我们也只有依着这个大自然的法则向前进，使今日的我，扬弃了昨日的我，使明日的我，扬弃了今日的我。扬弃是无穷，前进也是无穷。

总之青年之自觉，一在：冲决过去历史的网罗，破坏陈腐学说之囹圄，勿令僵尸枯首，束缚现在活泼泼地之我。进而纵现在青春之我，扑杀过去青春之我，促今日青春之我，禅让明日青春之我。一在：脱绝浮世虚伪之机械生活，以特立独行之我，立于行健不息之大机轴，袒裼裸裎，去来无罣，全其优美高尚之天。不仅以今日青春之我，追杀今日白首之我，并宜以今日青春之我，豫杀来日白首之我。此固人生唯一之蕲向，青年唯一之责任也矣。（十一页）

宇宙是不绝的流转翻新，社会是不断的再生复活，人是不停的日新月异，那就是李守常的哲学。

这篇文是民国五年九月发表的（原稿好像写自日本）。到了民国七年四月，又发表了一篇《今》，见解是更加精到了。他以为“宇宙大化刻刻流转，绝不停留”（三〇七页）；以为“大实在的瀑流，永远由无始的实在，向无终的实在奔流。吾人的‘我’，吾人的生命，也永远合所有生活上的潮流，随着大实在的奔流，以为扩大，以为继续，以为进转，以为发展”（三四九页）。

他的哲理中心，是抓住“现在”，因为现在是过去的产物，现在又产生未来。这个“今”就是承前启后的锁钥。因此他反对人“厌今”，只望着“过去”，或只梦着“未来”；又反对人“乐今”，不思进取。他要人不思复古，不作梦想，而时时刻刻在进取，在创造。

吾人在世，不可厌“今”而徒回思“过去”，梦想“将来”，以耗误“现在”的势力；又不可以“今”境自足，毫不拿出“现在”的势力，谋“将来”的发展。宜善用“今”，以努力为“将来”之创造。由“今”所造的功德罪孽，永久不灭。故人生本务，在随实在之进行，为后人造功德，供永远的“我”享受、扩张、传袭，至无穷极，以达“宇宙即我，我即宇宙”之究竟。（三一〇页）

《由经济上解释中国近代思想变动的原因》（七卷二号），恰如题目所示，是以经济观点来阐明历史的。

孔子主义（就是中国人所谓纲常名教）并不是永久不变的真理。孔子或其他古人，只是一代哲人，绝不是“万世师表”。他的学说，所以能在中国行了二千多年，全是因为中国的农业经济，没有很大的变动，他的学说，适宜于那经济状况的原故。现在经济上发生了变动，他的学说，就根本动摇，因为他不能适应

中国现代的生活、现代的社会。（五二页）

他处处都顾到经济条件。孔子的哲理，在中国行了二千多年，因为它与那时中国社会经济相适应；孔子的学说，目前根本动摇起来，因为它不适应现代中国的物质生活。把这个观点与吴虞、陈仲甫相比，吴虞以家族制度来解释专制主义，陈仲甫以思想问题来解释历史，真不知相隔多少里程。但这篇尝试，也并不是没有错误。那时李先生仍跳不出地理唯物论的圈子；他以为东西社会，一以“农业为本位”，一以“工商为本位”，是由于地理环境不同。东方社会，“太阳的恩惠厚，自然的供给丰”，而西洋社会，“太阳的恩惠薄，自然的供给啬”。这种观察，是不妥当的。说到古代中国，又以为“大家族制度”是“中国二千年来社会的基础构造”。这点好像李先生受了吴虞老先生的影响。不根据生产关系，而以家族制度，为中国古代社会的基础，也是不对的。

四、反对礼教与思想解放

反对孔教，反对礼法，反对旧伦理，反对旧宗教，反对迷信，反对盲从。一句话，反对封建思想，也是新文化运动的主要课题之一。无疑地，这个责任又落在那时的先知先觉者陈仲甫、吴虞、鲁迅诸先生的身上来了。那三个反对礼教的劲将，代表三种作风。陈仲甫是“五四”文化运动的主帅,《新青年》的编者。他以热烈的感情、雄劲的笔调、卓越的思维，来抨击孔教的非人道性，指证孔教不合现代生活。他的议论富于独创，富于活气。吴虞，胡适之先生叫他做“四川省只手打倒孔家店的老英雄”。他的文笔很质朴，思想很谨严，意志很坚强。他以渊博的知识、严肃的理知、平淡的笔法，来描出儒教的虚伪，揭破旧思想的遗毒。鲁迅是一个文学家，终生也是一个文学家。他以尖刻、古朴、讽刺的笔调，真实地、形象地、具体地控告吃人的礼教，控告虚伪的道德，控告惑人的传统。他的随感录写得最有力、最深刻、最精彩。《阿 Q 正传》发表之后，鲁迅的创作，已达到最高峰。十年以来，他的文笔活动，主要是杂感、小品文。这种文体的内容与形式，不但在鲁迅的文字活动中，占最可宝贵的一页，而且也是中国有小品文字以来最丰富的收获。但是这种独特的作风，在“五四”时代早已露头角了。

在《东西民族根本思想之差异》(一卷四号）中，陈先生指出东洋以“家族为本位”，产生四种恶果：一是损坏个人独立自尊的人格；二是窒碍个人意志的自由；三是剥夺个人在法律上的平等权利；四是养成依赖性，戕贼个人的

生产能力。（二页）

在《吾人最后的觉悟》中，又宣布礼教、名教、三纲，是“别尊卑明贵贱”的“阶（等）级制度”，所以政治上的共和立宪制与伦理上的纲常阶级制，是绝对不相容，存其一必废其一。（四页）

有些人说新思潮是洪水猛兽，其实洪水猛兽绝不是新思潮而是孔教。陈先生在《宪法与孔教》（二、三）中说道：

> 今效法汉武之术，罢黜百教，独尊孔氏，则学术思想之专制，其湮塞人智，为祸之烈，远在政界帝王之上。（二页）

这一层道理，在《驳斥康有为的谬论》中，说得更明白。他肯定孔教与帝制是一对难兄难弟，尊孔与拥护共和，是不伦不类的怪论。

> 孔教与帝制，有不可离散之因缘。若并此二者而主张之，无论为祸中国与否，其一贯之精神，固足自成一说。不图以曾经通电赞成共和之康先生，一面又推尊孔教。既推尊孔教矣，而原书（《致总统总理书》）中又期以“不与民国相抵触者，皆照旧奉行”。主张民

国之祀孔，不啻主张专制国之祀华盛顿与卢梭，推尊孔教者而计及抵触民国与否，是乃自取其说而根本毁之耳！（《驳康有为致总统总理书》二卷二号三至四页）

他反对孔教不只站在纯理论的立场，讨论孔教是否为宗教，讨论孔教可否定入宪法。并且以政治效果为前提，指出孔教是否适宜于“民国教育精神”。陈先生的回答是否定的。

吾人倘以为中国之法，孔子之道，足以组织吾之国家，支配吾之社会，使适于今日竞争世界之生存，则不徒共和宪法可废，凡十余年来之变法维新，流血革命、设国会、改法律，……及一切新政治新教育，无一非多事，无一非谬误，应悉废罢，仍守旧法，以免滥费吾人之财力。万一不安本分，妄欲建设西洋式之新国家，组织西洋式之新社会，以求适今世之生存，则根本问题，不可不首先输入西洋式社会国家之基础，所谓平等人权之新信仰。对于与此新社会新国家新信仰，不可相容的孔教，不可不有彻底之觉悟，猛勇之决心，否则不塞不流，不止不行。（《宪法与孔教》二卷三号五页）

吴虞老先生先从忠孝两字着眼，以孝为忠的根本，又以家族制度为专制主义的根本。

> 详考孔氏之学说，既认孝为百行之本。故其立教莫不以孝为起点。所以教字从孝。凡人未仕在家，则以事亲为孝；出仕在朝，则以事君为孝。能事亲事君，乃可谓之为能立身，然后可以扬名于世。由事父推之事君事长，皆能忠顺，则既事扬名，又可保持禄位。(《家族制度为专制主义之根据论》二卷六号一至二页)

因此他就断定了家族主义与专制主义，是相辅相成的两大怪物。

> 儒家以孝弟二字，为二千年来专制政治家族制度联结之根干，贯彻始终，而不可动摇，使宗法社会牵制军国（？）社会，不克完全发达，其流毒诚不减于洪水猛兽矣。(二页)

自从秦汉罢黜百家，儒教定于一尊以后，人们的思想已失了生气，失了自由，结果历史上无议论，也无是非。

明李卓吾曰：二千年以来无议论，非无议论也，以孔夫子之议论为议论，此其所以无议论也。二千年来无是非，非无是非也，以孔夫子之是非为是非，此其所以无是非也。（四页）

在《儒家主张阶级制度之害》（三卷四号）中，又直斥儒家学说，为阶级的学说。

孔氏主尊卑贵贱之阶级制度。由天尊地卑，演而为君尊臣卑，父尊子卑，夫尊妇卑，官尊民卑。尊卑既严，贵贱遂别，几无一事不合有阶级之精神意味。（一页）

尊卑贵贱的名分定了，尊者就以卑者为附庸，贵者又以贱者为鱼肉，于是卑者贱者不仅失了人格上的自由，连身体也任从尊者贵者来摆布。孔教吃人，就从此而生了。

吴先生在《吃人与礼教》（六卷六号）中说：

一部历史里面，讲道德、说仁义的人，时机一到，他就直接间接的都会吃起人来了。就是现代的人，或者也没有做过吃人的事；但他们想吃人，想咬你几口

出气的人，总未必打扫得干干净净。（五八〇页）

又说：

我们中国人最妙是一面会吃人，一面又能够讲礼教。（五七八页）

齐侯满口仁义道德，同时他又是一位吃人肉（自己的儿子）的人。汉高祖一面不忘名教纲常，一面又不怕吃自己的老子。汉臧洪、唐张巡更明目张胆杀妾飨军。这还不过是有形吃人的极端的例子。说到以礼教为武器、为信条而杀人的，真是举不胜举的事了。

鲁迅的笔法，大概青年读书界都有共通的认识。他的“刺破中国的脸”的小品文，在“五四”时代，已出人头地了。他虽然不是理论家、政论者，是文学家、现实主义者，但他的文字，也富于理论的内容、政治的价值。

穷人的孩子，蓬头垢面地在街上转，阔人的孩子，妖形妖势，娇声娇气地在家里转。转得大了都昏天黑地地在社会转。同他们的父亲一样，或者还不如。

因为我们中国，所多的是孩子之父；以后是只要

"人"之父。（五卷三号二九一至二九二页）

保存我们的确是第一义。只要问他有无保存我们的力量，不管他是否国粹。（五卷五号五一四页）

许多人所怕的是"中国人"这名目要消灭；我所怕的，是中国人要从"世界人"中挤出。（五一四页）

旧账如何勾销？我说："完全解放我们的孩子！"（六卷一号六八页）

试看中国的社会里，吃人、劫掠、残杀、人身卖买、生殖崇拜、灵学、一夫多妻，凡有所谓国粹，没一件不与野蛮人的文化（？）恰合。拖大辫，吸鸦片，也正与土人的奇形怪状的编发及吃印度麻一样。至于缠足，更要算在土人的装饰法中，第一等的发见了。（六九至七〇页）

这样，才是创作者。——我辈即使才力不及，不能创作，也该学习；即使崇拜的仍是新偶像，也总比中国陈旧的好。与其崇拜孔丘、关羽，还不如崇拜达尔文、易卜生；与其牺牲于瘟将军、五道神，还不如牺牲于 Apollo。（六卷二号二一三页）

其实世界上没有这样如意的事。即使一头牛，连生命都牺牲了，尚且祀了孔便不能耕田，吃了肉便不能榨乳。何况一个人，先须自己活着，又要驮了前辈

先生活着；活着的时候，又须恭听前辈先生折衷：早上打拱，晚上握手；上午“声光化电”，下午“子曰诗云”呢？（二一四页）

要想进步，要想太平，总得连根的拔去了“二重思想”，因为世界虽然不小，但彷徨的人种，是终竟寻不出位置的。（六卷三号三二七页）

杀了“现在”，也便是杀了“将来”——将来是子孙的时代。（六卷五号五五〇页）

在现存的旧民族中，最合中国式理想的，总要推锡兰岛的Vedda族。他们和外界毫无交涉，也不受别民族的影响，还是原始的状态。真不愧所谓“羲皇上人”！但听说他们年年减少，现在快要没有了，这是件万分可惜的事。（六卷五号五五一页）

生命不怕死，在死的面前笑着跳着，从死里向前进。许多人们灭亡了，生命仍然笑着跳着，跨过了灭亡的人们向前进。（六卷三号六三〇页）

我差不多把鲁迅在《新青年》发表的《随感录》的警句，都抄录了。鲁迅曾说他写文学作品，步调与大家一致。鲁迅的话是没有夸张的。你看他这样直截地肯定了国粹的无用，揭破了国粹的野蛮性；你看他这样关切地忧虑着中国的被淘汰，哀悼保守派的没落；你看他这样热烈地崇尚新思潮，反对中庸、调和的习性；你看他这样深切关怀着未来，爱护着无邪的孩子，追求着新生命——这一切表示这个现实主义的斗争者，对于过去、现在和未来的根本态度。他要人积极反抗不合理的思想，迎头赶上现代潮流，创造未来的新天地。“因此他永远成了叛逆，永远成了战士。”

对于在过去一丝一毫也不敢侵犯的教条礼法，施以正面的打击，这确是“五四”启蒙运动家的伟迹。一班离经叛道的人，万世不朽、千古留名的，也是因为他们有这样勇敢过人的魄力。但“五四”的反孔运动，还做得不够彻底，不够深刻。儒教的遗害，正如钱玄同所说：

> 自诸子之学兴而后，汉字始为发挥学术之用。但儒家以外之学，自汉即被罢黜；二千年来所谓学问、所谓道德、所谓政治，无非推衍孔二先生一家之学说。所谓“四库全书”者，除晚周几部非儒家的学书外，其余则十分之八，都是教忠孝之书：“经”不待论；所谓“史”者，不是大民贼的家谱，就是小民贼杀人放火账簿——如所谓“平定什方略”之类；——“子”“集”的书，大多数都是些“王道圣功”，“文以

> 载道”的妄谈。还有那十分之二，更荒谬绝伦：说什么“关帝显圣”、“纯阳降坛”、“九天玄女”、“黎山老母”的鬼话；其尤甚者，则有“婴儿姹女”、“丹田泥丸宫”等说，发挥那原始人“生殖器崇拜”的思想。(《中国今后之文字问题》四卷四号三五一页)

钱先生的指斥，是痛快极了。陈仲甫的锐进，吴虞的渊博，鲁迅的深刻，确已把这充塞了脓血，这杀人放火的史实，骂得狗血淋头，可惜他们还只作了一个开端。

最可惜的是：他们不了解儒学在二三千年中，能称孤道寡的历史根源。汉武罢黜百家，独尊孔氏，必定儒教学说，与专制主义封建制，有“胶固而不分析”的关系。这点应作经济的分析。但“五四”启蒙运动者几几乎把这一点忘记了。吴虞以“孝”为“忠”的根干，以“家族制度”为“专制主义的根干”，陈伯达先生说是“天才的见解”，这话也许不是过奖。因为在专制主义封建制里，各自为政的公社，是社会的单位，家族的家长，与国家的人君，都是支配分子。所以儒者教人对家长要孝，对人君要忠，是有必然的道理在。指出了忠孝的连系关系，是吴虞先生的功劳，可是，吴先生又说：

夫孝之义不立，则忠之说无所附，家庭之专制既解，君主之压迫亦散，如造穹窿然，去取主石，则主体堕地。(《家族制度为专制主义之根据论》三页)

又说“家族制度”与“君主政治”,“相依附而不可离”；于是认为“政治改革”，而“儒教家族制度不改革”，必不能得到“真共和”。这是颠倒的说法，是伦理改革，先于政治改革，跌入唯心史观的陷阱去了。

这一点陈仲甫先生说得最明白。他说：想“建设”近代国家,“输入”“平等人权之新信仰”，为“根本问题”(《宪法与礼教》)。又说，“如今要巩固共和，非先将国民脑子里所有反对共和的旧思想，一一洗刷干净不可”(《旧思想与国体问题》)。要是伦理先于政治，思想先于政制，哪里还有丝毫物观的成分？

这是一个极大缺点。我想：他们把事实颠倒了，主因由于不了解社会构成的意义。陈先生在《孔子之道与现代生活》中说：

孔子生长封建时代，所提倡之道德，封建时代之道德也。所垂示之礼教，即生活状态，封建时代之礼教，封建时代之生活状态也。所主张之政治，封建时代之政治也。封建时代之道德、礼教、政治、生活，所心营目注，其范围不越少数君主贵族之权利与名誉，于多数国民之幸福无与焉。

一时代有一时代的生活、思想、道德和习惯。甲时代的人，不能拿乙时代的生活、思想、道德和习惯，当作天经地义，这当然是反对孔教的有力根据了。可是，陈先生到底不大了解社会构成的，不大了解所谓生活状态，是封建生产关系，是封建社会的基础，竟把礼教当作生活状态，于是认定社会改革，应从礼教始。

没有从揭发儒教的不合理，进而揭发社会基本生活的不合理；没有对于数千年来广大善良人民之饥饿、劳碌、悲哀、黑暗的真实奴隶生活，表示最广大而深切的同情和仇恨；没有从这点上来阐发吃人的社会实质；没有在这点上表示最大的期待；没有表示愿为这解放而向旧制度抛弃自己的生命；这是“五四”反礼教运动一般最大的弱点。

陈伯达先生的批评是半点也没有过分的。

五、个人主义与个性解放

记得有人说中世纪的文艺复兴，是人的发见的运动，这话很有道理。在封建社会里，无论是中世纪黑暗时代的欧洲，或是专制主义支配下的中国，都没有“人”的存在，也没有“人”的权利。地主诸侯，游手好闲，无所事事，而农奴整天劳苦，却不得一饱。国家是一个人的国家，千千万万的农民，都在这个人的淫戏之下呻吟。政治思想都是拥护封建制度的理论。一切思想家都是帝王君侯的御用人。文学艺术，专来表彰封建贵族的寄生生活，平民是不值得文人骚士一顾的。所以封建社会只有帝王贵族官僚和武士，却没有人。到了资本主义社会，才开始了“人”的解放。当然这种解放是有限度的，可是，在法律上，人人都自由平等，人人都可以参加自由竞争，人人都是社会的单位。文学艺术都是崇尚写实主义，渐渐也反映着人的生活。所以人的发见，评判的怀疑的精神的鼓吹，是资本主义勃兴期的产物。虽然彻底的个人解放，目前仍不能完成，但比封建社会的个人，确已飞跃了一大步，这不得不说是一种进步的表现。“五四”时代的先知先觉者，对于人的解放，也认为是一个重要的课题，那种认识，是有必然的社会根据的。

陈仲甫在《敬告青年》(创刊号)中，对青年希望六件事:(一)自主的而非奴隶的，(二)进步的而非保守的，(三)进取的而非退隐的，(四)世界的而非锁国的，(五)实利的而非虚文的，(六)科学的而非想象的(一至六页)，就是针对着从封建时代熏陶出来的老青年而发的呼声。他要求中国青年，做一个现代国家的青年。

他又认为西洋氏族是“彻头彻尾个人主义之民族”,“社会之所向往，国家之祈求”，都是“拥护个人之自由权利与幸福”，都是“谋个性之发展”，都是发挥着“纯粹个人主义之大精神”(《东西民族根本思想之差异》一卷四号一至二页)。

他理想中的中国新青年，生理上不是“白面书生”，而是“壮健活泼”，心理上必须斩尽“做官发财”的“思想”，树立“真实新鲜”的“信仰”。所谓新的信仰，是“内图个性之发展，外图贡献于人群”(《新青年》二卷一号一至三页)。一个现代青年，必须是“笃行自好之士，为国家惜名誉，为国家弭乱源，为国家增实力”。这是爱国主义，也是个人主义。因此青年必须具备六种做人条件，一曰勤、二曰俭、三曰廉、四曰洁、五曰诚、六曰信(《我之爱国主义》二卷二号)。

有自信力，有进取心，有世界眼光，有科学头脑的青年，当然不会受“无用的废物”——偶像所欺骗。新青年应破坏“泥塑木雕的偶像”，应破坏宗教迷信，应打破尊君思想，应打破国家观念。他高呼着：

> 破坏！破坏偶像！吾人信仰，当以真实合理的为标准；宗教上政治上道德上自古相传的虚荣，欺人不合理的信仰，都算是偶像，都应破坏！此等虚伪的偶像，倘不破坏，宇宙间实在的真理和吾人心坎儿里彻底的信仰，永远不能合一。（《破坏偶像论》五卷二号九一页）

这也是要解放青年思想上的束缚，要他们堂堂正正地做一个人的告示。

陈先生指出东西社会对于个人的根本态度，指出中国新青年的标准，新青年应具备些什么条件。最要紧的是他特别指出人们的认识信仰，应和世界上的客观真理互相一致。这是确立新世界观彻底解放思想的新认识。在这点上，我们不但可以看出陈先生的认识内容，而且也可以看出他的大胆、勇敢、前进。只可惜他只说出个人的解放，个人主义是这样那样，并不指出市民社会的个人解放的狭隘性，寻求彻底解放的先决条件。市民社会，在法律上是拥护个人权利，但也只限于法律上，只限于少数人在法律上才能享受此种权利。市民社会、教人独立自主，教人进取，教人有世界的眼光，教人有精密的头脑，教人讲求实际、也不能超过现实环境的限度。市民社会要康健活泼的青年，不外是为着利润的再生产，能够顺畅地运行。所谓勤俭廉洁诚信，也只是市民社会片面道德，不一定对多数人都有好处。中国人不勤——四体不动；不俭——贪食渔色；不廉——怕死爱钱；不洁——身心污秽；不诚——虚伪逢迎；不信——欺诈抵赖：那是有社会的根据。想斩断这些恶德，必先要斩断产生这种恶德的社会关系。

对于个人的解放，发挥得更具体更透彻的是胡适之先生。他在《易卜生主义》(四卷六号)里，借着易卜生的思想，来发挥他的个人主义。他说："易卜生的文学，易卜生的人生观，只是一个写实主义"；又说，"易卜生的长处，只在他肯说老实话，只在他能把社会种种腐败龌龊的实在生活写出来叫大家仔细看。"(四九〇页)因为他肯写实肯说老实话，于是发见了男人是"自私自利"，当女人是"小宝贝"；发见了女人原来是一个奴隶，"他自己不用思想，丈夫会替他思想"(见《娜拉》四九一页)；又发见了"妻子对丈夫，什么都可以牺牲；丈夫对妻子，是犯不着牺牲什么的"(见《群鬼》四九一页)。

易卜生又反对社会的三大势力：法律、宗教、道德。因为法律不入情不入理，因为宗教是毫无生气的仪节信条，道德是虚伪欺骗。

易卜生肯定了社会是“用强力摧折了个人的个性（individality），压制个人自由独立的精神”（四九七页）。《社会的栋梁》中的褒匿，犯了奸罪，又诬赖他兄弟受这个恶名，但人人却称他为“全民的模范”、“社会的栋梁”。《国民的公敌》里的斯铎曼医生，发现本地浴池里有传染病的微生物，要求改造浴池水管，可是改造浴池要花钱又要闭歇浴池，影响商务，所以本地出死力反对他，骂他为“捣乱分子”，骂他为“国民的公敌”。他总觉得“多数党总是错的，少数党总是不错的”（四九九页）。易卜生的人生观是“个人须要充分发达自己的才性，须要充分发展自己的个性”（五〇二页）。

总之“社会最大的罪恶莫过于摧折个人的个性，不使他自由发展”（五〇四页）——这是易卜生主义，也就是胡适之主义。

胡先生在《贞操问题》（五卷一号）中，又反对片面的贞操，以为“贞操不是个人的事，乃是人对人的事，不是一方面的事，乃是双方面的事”（七页）。他痛斥封建道德是全无心肝的“荒谬”的“迷信”（六页）。他要请周婆制礼，来补救“周公制礼”的“不平等”。又说：“男子嫖妓，与妇人偷汉，犯的是同等的罪恶；老爷纳妾与太太偷人，犯的是同等的罪恶。”（七页）这不消说也是鼓吹发展个性的警句了。

胡先生希望中国新女性要学习美国女子的人生观，“超于贤母良妻的人生观”（《美国的妇人》五卷三号二一三页）。这种人生观只是一种自立的精神，与倚赖性是相反的。要是这种自立的风气普遍起来，人人都自立，社会就得救了。

> 将来这种自立的风气，像那种传染鼠疫的微生物一般，越传越远，渐渐造成无数“自立”的男女，人人都觉得自己是堂堂的一个“人”，有该尽的义务，有可做的事业。有了这些自立的男女，自然产生良善的社会。良善的社会，决不是如今这些互相倚赖，不能“自立”的男女所能造成的。所以我所说那种“自立”的精神，初看去似乎是完全极端的个人主义，其实是良善社会不可少的条件。（二二三至二二四页）

胡先生对于个人主义的见解，说得再明白也没有了。不过问题并不在这点上。个人的个性，应不应尽情发挥，那是不成问题的。问题只在什么社会才不摧残个人才性，才使天才自由发展。胡先生以为发展个性，必须有两条件：第一须使个人有自由意志；第二须使个人“担干系，负责任”（四卷六号五〇四页）。要是这样说，其实未曾说明过什么。胡先生常常要人做事先问“为什么”。用自由意志，担负责任，来说明个性的发展，那是用甲说明甲，用“想吃东西来说明肚子饿”，这是“室以为室，乐以为乐”的道理，不足取的。社会倘不发展个性，倘不使人人各尽其才，就非对这束缚人的才能的社会，采着不妥协的态度不可。

美国女子有一种特别的精神——“自由独立”。但依胡先生看来，“这种精神的养成，全靠教育”。这话也只说了一半。为什么中国古代传下来的心理或教育，要鼓吹男子治外女子治内，而美国的女子，却绝对不承认有外子内子的区别呢？那点决不能求于教育本身。同是一教育，何以甲地是这样，而乙地是那样！我们应进入问题的更深处，找着规定各种教育精神的社会制度。

当然，理想的社会，不是奴才所结成，良善社会，必须有自立的个人。这句话用以说明人与群的相互关系，是对的。可是，说到他们的主客关系，那是以社会为主，以个人为客。健全的社会，必产生健全的个人，而健全的个人，又可推动社会的向前发展。要不然，把天才个性，看作无主无脑，把天才看作怪杰的行动，那是“唯人史观”

而不是唯物史观。近年来胡先生对救国与读书问题，弄得一团糟似的，也是由于对个人与社会的关系认识不明确的缘故。

六、文学革命运动与社会运动

文学革命的急先锋是胡适之先生。他十六岁时已开始做白话文字，开始对旧文学不满。民国反正前二年，往美国留学，在美绮色佳住了五年，受西洋文学的影响，又试验作新诗。民国四年八月，他主张改良文言，还不曾主张用白话代文言。九月，因为梅觐庄进哈佛大学，他自己要进哥伦比亚大学，作诗送觐庄，其中有主张文学革命诗句，引起任叔永作了一首游戏诗答他。他依韵和了一首，其中有“作诗如作文”一句，惹起了梅、任的反对，于是他就写了一篇文学革命宣言书——《沁园春·誓诗》（五年四月）。后来又因为批评叔永同时用死字活字作诗，又激怒了梅觐庄。梅觐庄说“小说词句固可用白话，诗文则不可”。叔永说：“白话有白话用处（如作小说演讲等），然而不用之于诗。”（七月）正因为有许多人的反对，他更加兴奋，更加起劲，开始尝试以俗字俗话写诗作文了。他宣言不作文言诗词（七月廿六日），把诗集定名为《尝试集》。

素来稳重，素来膺服实验主义的胡先生，到此才决绝地和文言分手，坚决地主张文学革命。他相信只有合乎口语的文字，才能充分地表情达意。他在五年九月十九日写信给朱经农，提出新文学的八个“要点”。这八条就是《文学改良刍议》的骨干。这篇文章是民国六年一月发表的，载《新青年》二卷五期；那八条就是有名的“八不主义”：

一曰：须言之有物；

二曰：不摹仿古人；

三曰：须讲求文法；

四曰：不作无病之呻吟；

五曰：务去烂调，套语；

六曰：不用典；

七曰：不讲对仗；

八曰：不避俗字，俗话。

那时他还在美国。归国以后，对于文学革命的见解，更加具体化了。所以过了一年又四月，再发表《建设的文学革命论》（四卷四号），把“八不主义”改了“肯定的口气”，而总括作四条：

（一）要有话说，方才说话；

（二）有什么话，说什么话，话怎样说，就怎样说；

（三）要说我自己的话，别说别人的话；

（四）是什么时代的人，说什么时代的话。

胡先生认为“旧文学”和“死文学”，已没有“破坏的价值”（二八九页），有了“真文学”和“活文学”，它自然就会“消灭”了。所以他的“建设的新文学论”，是从建设这方面“用力”，要在几十年之中，为中国创造出一种“新中国的活文学”，即是创造一种“国语的文学，文学的国语”（二八九至二九一页）。他以为一切言语文字，在于“表情达意”（二九二页），所谓达意，就是发表思想，具体地或抽象地；所谓表情，就是表达感情，具体地或抽象地。

他又认为，创造新文学，有三个步骤。一是工具，就是白话文字。二是方法。方法分三项：（一）收集材料：推广文字的范围；注意实地观察和经验；运用周密的思想。（二）讲求结构：如何剪裁，如何布局。（三）描写：写人、写景、写事、写情的方法。三是创造。他说现在尽可不必空谈创作方法。

胡先生的《文学改良刍议》发表之后，不上一个月，陈仲甫先生又发表了《文学革命论》，他的主张，比胡先生更坚决，立场也比胡先生更彻底。胡适当时只承认文学革命是讨论与尝试时期。

> 此事之是非，非一朝一夕所能定，亦非一二人所能定，甚愿国中人士能平心静气与吾辈同力研究此问题，讨论既熟，是非自明。吾辈已张革命之旗，虽不容退缩，然亦不致以吾辈主张为必是，而不容他人之匡正也。（六年四月）

但陈先生却勇往直前，不顾一切。

> 鄙意容纳异议，自由讨论，固为学术发达之原则；独至改良中国文学，当以白话文学为正宗之说，其是非甚明，必不容反对者有讨论之余地；必以吾辈所主张者为绝对之是，而不容他人之匡正也。

胡适之对于创造新文学，只提出如何磨炼工具，如何收集材料，如何讲求结构，如何描写的方法。这些只是作文方法，只是文章作法，不是创作方法。一提到创作方法，胡先生还说，我们“不配开口”，但陈先生却说：

> 余甘冒全国学究之敌，高揭文学革命运动大旗，以为吾友作声援，旗上大书特书吾革命军三大主义，曰：推倒雕刻的、阿谀的贵族文学，建设平易的、抒情的国民文学；曰：推倒陈腐的、铺张的古典文学，建设新鲜的、立诚的写实文学；曰：推倒迂晦的、艰涩的山林文学，建设明了的、通俗的社会文学。（二页）

胡先生只提倡文字本身的改革，文章的作法；陈先生却进一步提出推倒贵族、古典、山林文学，建设国民、写实、社会文学。不只从文字改革入手，不只从文章的作法入手，更积极提出新型文学，提倡新的创作方法了。

对于创作方法问题，我觉得陈先生的意见很笼统，周作人先生的“人的文学”是最透彻的了。

周先生以为人人应有“人的理想生活”。人的理想生活，第一是“物质生活”：“各尽人力所及，取人事所需”（五七七页）。第二是“道德生活”：“以爱智信勇四事为基本道德；革除一切人道以下或人力以上的因袭的礼法，使人能享自由真实的幸福生活”（五七八页）。他的“人的文学”，可以说就是“人道主义的文学”，也就是“个人主义的人间文学”（五七八页）；或是说：“用人道主义为本，对于人生诸问题，加以研究记录的文学，便谓之人的文学”。

说到男女关系，应该承认“男女两本位的平等”，承认“灵肉二重的一致”。说到亲子关系，父母不能“将子女当作所有品，像牛马一般养育”。这是说要重新估定男女关系、亲子关系，要解放人的个性，要解放人的束缚。有了这个新的规定，陈先生所提出的国民文学、写实文学、社会文学，就有充分的内容了。

如果说陈、周两先生建立了文学理论的基础，又不得不说鲁迅先生在创作上建立了新文学的基础。他在《新青年》所发表的《狂人日记》(四卷五期)、《孔乙己》(六卷四期)、《药》(六卷五期)都是反对愚蒙，反对礼教，提倡个性，提倡写实的第一流作品。作者在《狂人日记》里，借着“狂人”的嘴说出了社会的黑幕。

> 我翻开历史一查，这历史没有年代，歪歪斜斜的每页上都写着“仁义道德”几个字。我横竖睡不着，仔细地看了半夜，总从字缝里看出来，满本还写着两个字是“吃人”！（四一六至四一七页）

《孔乙己》是描写一个考试不中的穷书生的悲惨生活。“他对人说话，总是满口之乎者也，教人半懂半不懂的。”所以在咸亨酒店喝酒的人，个个都奚落他，“看看他笑”，连店里的小伙计也看不起他。他“没有进学”，又“不会营生”。只好偷人家的东西吃，被人吊着打，打折了腿，终而悲惨地死了。这篇小说，的确把穷书生的可怜相完全刻画了出来。

鲁迅的小说，每篇都有社会的意义，每篇都写得很精彩。到他发表了《阿Q正传》，他的创作活动，达到了最高峰。《阿Q正传》创造了一种典型，就是精神胜利者。这可说是中国的国粹，中国国民普通的恶根性。

鲁迅曾对我们说：

> 我做小说，是开手于一九一八年《新青年》上提倡“文学革命”的时候的。这一种运动，现在固然成为文学史的陈迹了，但在那时，却无疑地是一个革命的运动。我的作品在《新青年》上，步调和大家大概是一致的，所以，我想：这些确可以算作那时的“革命文学”。

第五章　新社会科学运动

一、启蒙运动的第一次否定

"五四"启蒙运动，可以说是始于《新青年》的初刊，而终于科学与人生观的论战。《新青年》是民国四年（一九一五年）发刊的，人生观的论战，是结束于民国十二年底。这个时期，只不过八九年，但在中国思想界中，已种下了无数的革命的种子。人家几十年，一世纪，甚至一二世纪才经历的思想过程，我们仅仅在十年之中已完成了。当然发育的时间长些，准备的日子多些，发展状态自然也很正常。不然，路跑得过快，时间用得过短，不免要患着早熟病。可是中国社会的变态发展，使思想不能像欧美一样在温室里逍遥自在地发育起来。所谓少年老成四个字，大抵可以形容一切。可是无论中国新思想新文化，是如何早熟、肤浅，但它在社会政治运动中，确已发挥了它固有的任务。

在这八九年之中，我们鼓吹过民治主义，提倡过科学方法论，宣扬过个人主义，批评过儒学名教，鼓动过文学革命。我并不是说对于西洋文化的研究输入，对于东方文化的评判整理，已做得痛快淋漓。并不是如此。民主主义的确是进步思想，崭新的政体，可惜各政论家只把西洋的民治主义，原样地搬过来。科学方法论中，实验主义、二元论，是居着指挥的地位。虽然新方法论是出场了，可惜只限于初级原理的说明。用方法论来分析现代中国社会的现象，那还有待于将来的努力。个人主义是不彻底的个性解放。当然解放了青年的头脑，教他们怎样怀疑，怎样独立，教他们怎样堂堂正正地做一个人，那点谁也不敢抹煞它的意义。可是个人的解放，不能单求于个人本身，最紧要的是社会环境是否真解放个人，是否不摧残个性。然而当时启蒙运动者，只求个性的解放，而不求社会的解放。对于儒学孔教，人们大半取着一种排斥、嬉笑怒骂的态度。过去人们把纲常捧到天上去，如今人们却把它骂得狗血淋头，一文不值。痛快的确是痛快了，干脆也的确是干脆了，但可惜缺了历史主义的评判，依然不能摇动着儒学的根底。

所以“五四”时代的反孔教运动只使人憎恶孔教，但却未曾彻底评判了孔教。文学革命，打倒文言文，提倡语体文，在表情达意的意义上，也没有人敢否认它的价值。几几乎也可以说，没有别的新改革，可以同它比拟。可是方块字依然不是文化大众化的工具。解放了文言的束缚，便笔头语与口头语更接近，可说只是文学改革的第一步。

“五四运动”的价值，平心静气地说来，还很有限度，可是对于民主主义的提倡，对于哲学方法论的介绍，对于怀疑精神的培养，对于独断盲从的反对，对于文学的改革，的确使人对世界、对社会、对自己，都抱着重新估定它的价值的眼光，使人们在政治上，社会、思想上，都要求解放，要求改造。并且思想上的变革，只不过是社会经济转变的反映。民国四年《新青年》发刊的时候，刚在大战开始的后一年，民国十年《新青年》休版的时候，又是凡尔赛会议的后三年，华盛顿会议的同一年。人生观的论战，终结于民国十三年，那年是战后资本主义总危机第一期的末年。我不敢说这些有什么因果的关系，可是“五四”启蒙运动，却在世界大战之中，以至战争完结后的最初几年，那点是不应放过的。在这十年之中，西方资本势力已无法光顾东方市场，中国新兴资本势力也在那十年中兴旺起来。更值得注意的是中国生产分子，以更快速的速度，成长起来。一九一九年以后《新青年》思考运动的新方向，以至后来《新青年》的蜕变，可说是这一社会关系在思想上的表现。

然而在一九二四年以后，资本主义已进入暂时稳定的时期。过去放松不顾的地方又慢慢紧张起来，即使过去来不及动手的地方，也要找寻发展的机会了。于是慢慢地在中国又布置了新的天罗地网，使中国国民经济，上天无路，入地无门。那时在国内演了袁世凯的反革命事变（解散国会，发表善后借款，宣布复辟）。演了张勋复辟的怪剧，演了段祺瑞独霸中华的好戏以后，英美势力的复兴，使中国政局发生了对抗的两派。一九二〇年的直皖战争，是代表英美的吴佩孚与代表日本的段祺瑞的战争，结果皖系是大败了。一九二二年的第一次奉直战争，吴佩孚打败了张作霖，驱逐奉军出山海关。到了一九二四年第二次奉直战争，冯玉祥倒戈，吴佩孚又一败涂地。不久冯玉祥退出北京，北京政府的实权，由张作霖一手包办，在广东方面，一九一七年，在广州成立的军政府，不幸为广西军阀陆荣廷、莫荣新所倾覆。一九二一年陈炯明由漳州打回广东，才恢复国民党的旧观。但在一九二二年四月广东北伐军入江西的时候，陈炯明又与吴佩孚携手，实行政变，孙中山先生又亡命于上海。在那时候，军阀的内战，破坏了全国市场的统一，破坏了币制的统一，破坏了政府的统一。但民国反正以后的内战，最高的指导者，可说是帝国主义。因此全国民主分子，无论是要扩大资本主义生产的民族资本，或者要解除封建关系的农民，或是要求改善生活，要求自由解放的生产分子，中等社会，都团结在一条战线之下。一九二四年一月的国民党的改组，三大政策的公布，又由于受着一九二五年“五卅事变”、沙基惨案的刺激，一九二六年五月北伐军出发，九月攻陷武汉，十一月打下九江，一九二七年四月攻入上海，赶跑了吴佩孚孙传芳的势力，这些惊天动地的事变，就是中国人民要求自由解放的行动表现。

在那时代，理应有一个广汛的深入的思想运动，作为政治社会运动的辅助。这个运动是应该承继“五四”的精神，破坏旧的文化传统，建立新的思想体系。可是这个任务，在国民革命时代，可说是完全被放弃了，至少做得非常不够。那时虽还有人著文批评孔教，但却没有利用当日的政治条件，把反传统运动与人民运动，联系起来。那时虽然也有人宣传新学说、新思想，但却没有大气力、有远大眼光的思想家，努力建立新思想体系。那时的文化运动者，也是社会运动者。当然并不是说文化要脱离政治，而只是说，文化运动与政治运动没有分工合作，以致文化理论，常常落在政治社会的后面，相隔不知有多少里程。在那时代，算是思想运动的，只是在政策应用下的鼓动宣传。我们曾看过许多关于省港罢工，关于广东农民运动、工人运动、广州工潮的小册；看过许多政治社会的 ABC；也有过对狭隘的国家主义的评判，有过对反联合战线的批判，也有侧重政策、侧重青年问题的杂志。除此以外再没有什么了。当然，社会运动知识、新思想入门、政治路线等等，也很要紧，而且可说是思想运动第一位。可是，思想运动不限于这些。启蒙运动所包含的范围更要宽广，内容也更要深刻，应该由普遍而特殊，由普及到提高，由狭义而广义。但可惜的是文化运动与社会运动混同起来，文化运动的特殊性被抹煞了。要是文化与政治不行分工合作，一定使政治运动失了巩固的基础，只使运动者知其然而不知其所以然。文化缺了特殊任务，必定是限于标语口号，限于指令通告。下层变了机械的执行者，上层变了专制的发令者。上下失了有机的联系，人只知其然而不知其所以然，那是一种极危险的倾向。于是上层不能准确地估计下层的实力，下层不能在实践活动中变更只发施号令的由上而下的危机。于是客观上当运动已进入最高阶段，威胁到中庸分子的时候，又当着中国最高主人——东西侵略者兼施软硬缓急政策的时候，在主观上当参谋本部正犯着妥协、调和政策的时候，大家眼看着革命溃灭了。

大革命的丧钟响过之后，除了形式上推翻了北洋军阀的统治之外，中国社会运动的两个基本问题，都没有丝毫的损害。正如沈志远先生所说：

> 整个国民经济的咽喉，依旧被帝国主义底铁腕紧紧地挟住，它周身的毛泄孔和气管又依旧被封建残余底渣滓无孔不入地塞住。

于是在警钟打响之后，人们才感觉到由于轻视文化运动所招致的意想外的失败。对于中国社会运动的性质、动力、联合形式、转变前途等问题，没有明确的认识，不能把这些认识当作实践的方针，使千千万万的运动者在实践中自觉地执行自己的任务，醒觉地改正一切中庸、犹豫的思想政策，是大革命受挫折的主要条件之一。但要认识这些现实的问题，非人人对于中国社会构成，对于现代中国社会性质，有明确的了解不可。俗说：“上一回当，学一次乖。”在低潮的时候，社会运动者对于这些问题，都要找出一个答案。一九二八年以后社会性质社会史问题，成为思想界的核心，那并不是好事的文人的妄举乱动，而是实践上的紧急要求。于是人们由于探求现代中国社会的内层，进而发掘过去中国社会的秘密，由过去的研究又更一层加强实践的信心。社会科学理论，可作参考比较的材料，帮助问题的研究。一九二八年以后社会科学（不论古典书或入门书）具体经济问题的著作流行最广，销数最大，也可表示中国思想的发展倾向。

其实这些问题在国际上也有人提出过，讨论过，作些结论。不过当时有些自命聪明的人，不去注意，老是执着旧的观点，不循着这个原则，发动大规模的研究讨论，广汛地深刻地解决这问题，一方面在实践中体验这个大道理，另一方面又在理论的探求中推动实践的发展转变。中国社会史或其中的一个主题——中国社会性质问题的论战，在一九二八年以后，成为思想运动的核心，不会是无底无根，无头无脑的。

二、怎样认识现代中国社会构成

现代中国社会性质问题的论争，虽始于民国十六年以后，但对于中国社会的分析解剖，对于中国民族解放运动的研究，在民国十五年国民革命军奠定了广东全局出师北伐的时候已在苏联开始了。那时所争论的虽还限于很一般很抽象的问题，但所下的结论，都是根据实践的经验与实地的调查；而研究问题，也大体上先由一般而特殊，先由原则而个别，先由抽象而具体的。

对于这问题苏联思想界是以托洛斯基、季诺维夫、拉狄克为代表的少数党，和以约瑟夫、布哈林为代表的多数党相对抗的。不知为什么少数党对于资本主义的看法，好像独具只眼。谁敢说中国没有资本主义企业？不必说大战前后在南北大城市风起云涌的大企业是资本主义，就是十九世纪末、二十世纪初的商业工业，甚而曾李所倡办的官办军事工业，也算是资本主义。不过中国有资本主义是一件事，资本主义有没取得控制全局的地位，又是一件事。但他们却不要管这一点，马上下了定义，说中国是资本主义国家。不过人们的武断永远不能掩蔽事实，除非是瞎子，谁也不敢公开否认中国有封建势力。可是他们却好作诡辩，以为封建势力早已不成器皿。然而封建势力有无死灰复燃的可能，倒不是问题关键，现存社会关系，有没有力量肃清旧的封建要素，才是认识不同的界线。但他们以“残余的残余”这一句话，掩尽了天下人的耳目。大概他们也不敢承认中国是一个独立的国家，一个独立的民族，高高在云端上还有洋大人，有木屐儿，但他们对于帝国主义的殖民政策，只具着井蛙观天的眼光，只见了海关制度，只见了在“投货”中主客关系。于是他们对内是主张改变资本生产关系，对外要求海关独立平等。上而至托洛斯基，下而至托派的徒子徒孙，不论他们对个别问题的了解如何不同，这个根本的认识，可说是贯串了他们的著作，支配了他们的思维，范围了他们的行动。

我们从托洛斯基的根本态度中，大概可以看出这位聪明的人的高见。连殖民地的资本关系也要求彻底的改造，这是何等前进，何等过激！不过不顾客观的事实，而只端坐半天之中，作海外奇谈，并不是处理问题，而只是取消问题。聪明的确是聪明了，可惜聪明却没有用场。只要求海关独立，那位先生又明显地表白了他是蠢才。试执着一个不必多懂什么革命理论，而只懂些实际经验的中国人，问他受着什么外来的压迫，我想他决不会先举海关不独立，或者不一定要举这一件事。因为它不是主要的压迫。有人曾骂黑格尔、托尔斯太是绝顶聪明绝顶蠢才的混合。在说破了现实的运动法则，揭破了俄国社会的秘密的时候，他们是最聪明的人。可是要把现实颠倒过来，把宗教、把人道主义来感化人心，来解决社会矛盾的时候，他们又是最蠢才的人了。如果评语也可以改头换目的话，我可以说这一位革命家是鬼聪明和最蠢才的混合儿。以左的言词来逢迎一些浮薄青年的时候，他用着鬼聪明；但当坐井观天、眼光如豆的时候，又只见他的无能愚笨。

不过少数人的偏见，终不能禁止真理的发见。我们并不否认中国的通商口岸，有近代设备的新式工厂，有庄丽堂皇的百货商店，可是民族企业只占极小部分，而大多数却是非民族的所有。我们不能说华洋一家，因为华洋的比重不同，代表着完全不同的社会意义。华重可以压倒洋商，或利用外资来建设现代国家，相反的洋重不仅使华资不能平衡发展，恐怕也不能独立自存。中国农村也有不少新式农场，而且还有许多理想家此起彼仆地做试验，但农村主要的社会关系，却是小农经济。理想家的幻梦终于被打破了，所谓新农场也只好变了质，变了封建关系的别动队。说到中外关系，真是一言难尽。外商可以在中国的大商埠开工厂，直接来利用原料，支配劳动；直接打击土著工业。外商可以投资设立海陆空交通网，既可便利商品原料的运输与推销，更可作控制殖民地的反抗，和排斥竞争者的军事机关。外商也可以凭着旧社会的分子，影响控制地方中央的政策。他们又可以派遣有能力的文化使者，在内地，在城市，宣传天上福音，制造文化先锋队。目前我们的祖国，确已现代化了，但现代化不是自发而是被动。旧的世界确已树倒猢狲散了，但旧的种子却仍保守如故。中国社会的矛盾是对内改造封建农业关系，建立现代国家。但帝国主义又用着它在中国的一切力量，直接控制中国，又推动一切前资本主义的关系，使它欧化，又使恶化，通过这种关系，再来间接支配中国。于是中国的对外关系要解放民族的压迫，解除一切妨碍民族自力更生的障碍。反帝国主义的民主革命，是中国社会运动的两大对象、两大洪流，这是多数党根据事实与经验所得的政治结论。

不过民主运动在各国采着不同的形式，有法兰西型，有德意志型，也有土耳其型。形式虽不同，但各国都有一个共通点，就是市民得了政权以后，立刻发展资本主义经济，建立现代国家。也许因为各国经济的发展不平衡，因此建国也有先后缓急的差别，可是倾向是一致的。但中国不走任何过去各国所走过的路。中国不走法国的路：（一）法国的市民与封建贵族不两立，他们不避艰苦，不屈不挠，不后退，也不妥协，推倒了封建的统治；但中国资本力量，却与土地问题，发生切身的关系。（二）法国革命出现于资本主义的勃兴期，那时资本力量，必勇往直前，锐不可当；中国革命却出现于资本主义的没落期，市民早已畏首畏尾的了。德国的路，是贵族蜕变为市民的过程，这是因为德国有大地主经济，德国农民有一部分流入工厂，又有一部分移民于美洲的缘故。但在中国土地所有是分散而不集中；民族资本力量又非常薄弱，不能吸收大批失地农民；移民于东北、西北或外国，也满途荆棘。土耳其是商业资产者革命，与下层民众不大相干。但中国大多数民众已觉醒了。土耳其不是一个重要市场，又是许多民族所成的国家。但中国却是一个最大市场，社会运动带着极鲜明的反帝形式。

中国不走任何已走过的老路，它要完成两重任务，建立一个最民主的国家，通过这个建国过程，得着先进国家的物质精神的援助，走着另一方向，缺了帝国主义的前途。

苏联思想界开始中国问题的论争，是在国民革命的高潮中。不久革命是退潮了。大革命以后，因为社会政治的情势都起了剧烈的蜕变，思想界也发生尖锐的分化。为着检查过去社会运动的经验，确定解决中国问题的政策，关心着中国前途的人，不得不重新缜密地考虑大家面前的各种重人问题——中国社会运动的特质和对象；实践的动力和逆动力；各种社会在实践中的矛盾与关系；如何配置各种社会力量执行民族解放和社会解放的任务。所有这些问题都必定关涉到战略战术的决定。但要在理论上实践上解决这些问题，首先就必须了解现代中国社会的性质。因为不论抱着哪种主张的人，为要审查确定自己的政治观点，批评打击别人的政治观点，是不能不拿出最大的注意力，来研究中国的社会构成。一九二八年以后，轰动一时，在思想界留下不朽的痕迹的关于中国社会经济性质的论争，是在这客观的要求下出现的。

中国问题的症结在于对帝国主义、民族资本和封建势力那三种社会势力的相互关系的了解。对于这三种势力的了解，可以归纳为两点：（一）帝国主义对封建势力究竟发生什么影响，是破坏它或是维持它？（二）帝国主义对民族资本是阻滞它还是推进它，是打击它还是帮助它？

对第一问题，首先发表意见的是《新思潮》的王学文和潘东周两先生。他们指出了帝国主义在中国引起正反两面的事实，即正面是打破自然经济，发展商品经济，建立近代工业；反面是维持封建势力，加强商业榨取，摧残农业经济。所以中国社会经济形态，非常复杂，自然经济、商品经济、近代生产同时并存，而势力最雄厚的却是小商品生产——这是半封建经济的特点。

然而后来以《新思潮》的批判者自居的严灵峰、任曙两位先生，却提出一个相反的意见：以为帝国主义是绝对地破坏封建势力；又以为商品经济就是资本主义经济。不过嘴里说什么话，下什么断语，倒不大难，最难的却是结论，肯定，要与事实互相一致。帝国主义是维持还是破坏封建势力呢？严先生对这一点素来抱着乐观。他只见帝国主义不得不"开发"中国的事实，于是用了平生的气力，把帝国主义描写成如创世纪上的上帝创造世界，创造万物一样，在崇尚东方文明的国家里，也建立起二十世纪的物质文明来。任先生是一个外铄论者，迷信外力万能，内因倒无关轻重。他见了帝国主义支配着中国经济，也就认为中国是十足全称的资本主义，所以农村经济是资本主义性，而不是封建性。

泥古不化的人只咬定一个固定的形式。他们不懂在此地此时来看这个形式的具体形态。一般说起来，资本主义和封建势力是互相对抗，但在中国，却未必完全如此。中国工业革命是外力所唤起的，但国际资本侵入中国，并不是怀着什么好意，来改造世界的面貌，只是对殖民地有着某种企图。因为他们需要不值钱的原料，需要推销价廉物美的商品，有时就不能不打破自然经济，发展商品经济，以不等价的交换形式，来控制中国农村。然而中国市场只参加世界市场的流通过程，参加商品贸易，此外就再没有什么的了。只参加流通的过程，并不妨碍他们维持着原有旧封建势力。对华输出的资本，投在生产部门中只占极小部分，而大部分却放在非生产事业之上，这也用不着改变殖民地的生产关系。总之，商品经济的确是日趋于发展了，可是，却不能迅速地转化为资本主义；半封建经济，也不能顺畅地近代化。

动力派的严、任两先生，又用着另一种武器了。他们感觉绝对地强调帝国主义的正面作用，自己也认为有点强辩。但是商品经济，商品交换的存在，想必没有人敢加以否认。其实那是事实，谁也不应加以否认。他们就抓住这一点，转一个大弯子，先肯定商品经济的存在，再肯定商品经济就是资本主义经济。商品交换的普遍，就是等于资本主义经济的普遍，也是等于中国是一个资本主义社会。任曙先生以为对外贸易是“把握着”中国经济问题的“中心”，这点最足以透出他的心事。

所可惜的是商品经济并不是资本主义经济。我们固可以说，资本主义也是商品经济的一种，但商品经济并不是资本主义。在理论认识上，商品经济，是为着交换而生产（甲农夫拿自己所生产的谷子，在市场上与乙农夫换火油）。而资本主义，却是为赚钱而生产（某企业家投下某一定的资本，目的是要取得利润）。一是以自己的劳动，交换别人的劳动；一是以金钱来榨取别人的劳动。性质是不相同的。在历史过程上，由商品经济，发展到资本主义，是反映着封建社会的没落，与资本社会的兴起。因为商品经济极发达的时候，农工有分工，城乡也有分工。到了最后，大多数农民、手工业者，失了生产手段，而少数商业资本家、富农，又集中了生产手段，一到了劳动力成为商品，才具备资本主义的先决条件。商品经济在中国，原则上当然有这样蜕变的可能，可是在殖民地政策的高压下，又缺了可能转为现实的条件。

不能估量帝国主义在殖民地所表现的正反两面的作用，不能分辨商品经济与资本主义的性质，不能预测中国社会经济发展的趋势，就胡乱地下结论，当然一无是处。这样无根无据的空论，连他们的同道者刘镜园，也要起来反对。严、任相信帝国主义推动中国民族工业，刘先生说帝国主义是“排挤”它，严、任相信帝国主义排斥落后关系，刘先生又说他们是同流合污。这点是对的。只可惜刘先生的观点并不彻底，以为排挤的手段，只是海关制度，此外就再没有其他了。刘先生又说与帝国主义“沆瀣一气”的落后关系，并不是封建关系，因为中国早已没有封建制度了。但不论刘先生如何不彻底，他毕竟不敢不承认帝国主义的保守性，因此也不敢直说中国是一个资本主义，而只说是“落后资本主义”或“买办资本主义”。买办资本是商业高利贷资本的变种，要是买办资本也算是资本主义，当然严、任也理直气壮地要说商业资本就是资本主义了。刘先生虽然在二三地方已改正了严、任的错误，但实质上却没有不同，都是一而二、二而一的东西。

这些问题，还是搁着未解决的。《新思潮》只提出一个笼统的意见，但是严任刘三位先生，你著一部大著作，我写一篇长论文，使人看来像煞有介事。而刘梦云先生、伯虎先生、刘苏华先生、亦如先生、梦飞先生、沈泽民先生、钟恭先生、张横先生，虽然也冲过锋，陷过阵，可惜仍未打击着论敌的最后一道防线，更没有根据可靠的材料写成一部现代中国经济大著。问题的再提起，是很有可能。于是在金贵银贱风潮中，全国白银，集中在大城市，一时形成游资过剩，有人喊着救济农村，喊着资本下乡的口号，使一班自己麻醉自己的学者，也跟着喊农村现代化的时候，又来了一次农村经济理论的论争，名为“中国农村社会性质论战”。

参加这一次论争的人，半封建派以钱俊瑞、薛暮桥、孙冶方为主体，而资本主义派，又换了王宜昌、张志澄、王景波。虽然所争论的主题，依然不变，依然是半封建说与资本主义说的对抗，可是论争所涉到的问题已广泛得多了。一向所争论的只限于一些现实问题，但目前所争论的却是抽象的原则，却是经济学方法论；一向的视线，是集中在方法论的应用，目前却偏重纯方法问题。虽然方法及其应用，是不可分离，有方法就有应用，结论是应用方法的结果。不过大家不先求对于方法的一致与了解，徒然斤斤于求是是非非，事实上是难得了结的。因此，如今就干干脆脆地把所有的疑点都提出来。新经济学的始创者规定了适应着某种生产力的某种生产关系，是经济学的对象。

但是王宜昌、张志澄诸先生，却以为技术即生产力，又以为生产力可以决定生产关系，于是他们主张农村经济的对象是技术，是生产力，不是生产关系。然而技术（即生产工具的体系），不过是生产力的一个因素，除了它以外还有劳动力和劳动对象，我们怎好以其中的一部分来代表全体，而且生产力的要素，只是死的个体。必须在生产过程中，才有生命，才变成实在的生产力。但在生产过程中，它们结成着某种生产形式——生产关系，这结合是有历史性的，又是划分历史上各种社会经济的基准。即生产关系是人类在生产过程中所结成的各种有历史性的社会关系。要不然，撇开了生产这概念，也就不能认识各种社会的规律性，不能认识各个时代的物质生活了。要想认识各种社会，必须认识生产力运动的形式——生产关系，所以钱薛孙主张以生产关系为研究对象。

中国农村生产关系的中心问题，是土地问题。这有三个原因：（一）土地是农业生产的主要生产手段，但中国全部耕地，大约有百分之七十是集中在占农村人口百分之十的地主和富农手里，反之占人口百分之九十的中农、贫农和雇农，只有百分之三十的土地。（二）目前中国农村资本的累积如剥夺，主要以土地所有这一财产关系为根据。（三）农村劳动力的荒废，是起于农民的失地，而完成于土地所有者不致力于大规模的经营。所以农村问题，应根据（一）土地所有问题，（二）租佃关系问题，（三）雇佣劳动问题，（四）农业经营问题，（五）农业商品化问题，来阐明农村的社会性质。

王宜昌既以技术为农村经济的研究对象，见了农村已采用机械，农村已有了农业经营，有了大农场；见了帝国主义和民族工业支配着农村，促进着农业的交换关系，就肯定中国农村是资本主义。从技术上来看社会性质，只可当作一个旁证。以旁证为主据，是反本求末。而且王先生所说的新技术，在农村并不占着多数。拿二三农场，来包括全体农村，也是见木不见林的偏见。在数量上，在质量上都不能成立。以帝国主义或民族工业对农村的支配，以农村商品化当作资本主义化，以商品经济当作资本主义经济，王先生与严、任又是“异途同归”的了。

半封建性只可说是中国社会的一面，其他的一面是半殖民地性。这一点，王学文、潘东周也早已提出了。他们的经济著作，指出了帝国主义在中国享有种种特权（支配海关、垄断交通、控制政治、设立银行、租借土地、取得领事裁判权等）。同时又维持着残余的封建关系，于是民族资本遇着两个劲敌。有了这两个劲敌，民族工业就不能普遍在全国发展，并且也只能建立一些轻工业，缺了重工业的基础。但他们只见了这一点。认识这一点固然很好，但只认识这一点，依然不够，因为你固可说中外资本的发展不平衡，他可以说中外资本一视同仁，无分彼此；你固可说华洋资本是畸轻畸重，大压小，强胜弱，他可以说这等于大小企业的竞争。不预早分析这一点，追击与进攻是免不了的。

在战后第二时期以后，中国工业化的过程是停滞着了。这并不是说中国工业已没有丝毫的进展，只是发展的速度缓进而已。主倡半殖民说的人，大多轻视这一点，以为非把民族资本描写得进退无路，也不能自圆其说。但我们不应当如此糊涂。譬如中国经济恐慌的迟来，金贵银贱风潮中所表现的假态繁荣，在数量上也可以看出它的发展曲线。可是从本质上看，决不能作资本主义化的凭据。故意避开这一点，严、任他们却特地强调它，只见了民族工业有些微发展，就当作是突飞猛进了。他们尽可不必反对帝国主义的正反作用，也尽可不必强辩商品经济是资本主义；但在大江南北的都会里，有许多民族的与非民族的新企业，它们虽然有轻重、大小、强弱、高下的不同，但是要把中外企业合拢起来，作统一的资本主义企业看，你是中国，我是英美或日本，都无关大体，大家都是资本主义，合拢起来，中国资本主义确实可观，也可以压倒封建经济而有余了。我们（任曙先生他们）不能同别人“强分宾主”，这只是“小小的矛盾和区别”，只是“二五之与一十”。

严灵峰也是从华洋一家亲的前提下着笔的。他总觉得中外实在是无分彼此，甲乙丙丁都是人，洋货国货都是商品，张三、李四、约翰、佐藤都是资本家，所以中外资本只有数量上的不同，中外企业只有大小的差别，性质上范畴上，是没有不同的。

这种观点，一直保留在王宜昌的著作里。王先生也以为洋资“打倒”华资，并不是阻碍中国资本主义。因为此起彼仆，你升我沉，甲盛乙衰，只可表示人的交替，资本主义的消长是不会受着丝毫影响的。那也是中外一视同仁论的好文章。

究竟我们应不应有这样的容量，只背着“休管他人瓦上霜”的诗句，不去替资产阶级开“财产清单”，考查什么是国货，什么是洋货呢？我想我们不应该有闲沉默到这样田地。这不是作“应声虫”，而是说“公道的话”。第一，最显而易见的是华籍绅商是要扫除封建势力，统一全国市场；而洋籍绅商却要巩固半分裂的局面。第二，从再生产的观点看来，殖民地的超额利润，大部分流入了宗主国，不是拿来扩大殖民地的生产。而且到了今日，除了与战争有关的军事投资，资本输出已几乎梗塞了。要是洋商居着主位，不肃清落后关系，不输出资本作生产事业，不留下利润扩大企业，资本主义化的前途，是非常悲观的。严先生的国际分工说，出自日本军阀财阀的嘴里，倒还情有可原，因为那是他们的心里话，要是严先生的佳句，真不知道有什么大道理。

三、怎样认识中国社会的历史过程

对于现代中国社会的认识，使人不得不放大眼光，追寻着中国过去的历史。其实也只有深一层打开了历史的秘密，才能更彻底更明确地了解现在，追求将来。第一，我们既知道现代中国是半殖民地化的半封建社会，而这新旧交错的社会，是资本主义东侵以后的产物。因此一百年前的中国，即帝国主义在中国所遇见的，是什么社会，这问题也一定会令人注意的。有一些史家，说过去中国，是商业资本主义社会，又有些人说是亚细亚社会。主倡这种历史观的人，当中也有着极大的差别，甚至大家对于中国社会运动的认识，根本相反，但他们都有一个共通点，就是否定了现代中国社会运动的反封建的任务。这种主张与中国社会的实践是对立的。也许他们的见解决定了他们的实践，可是中国的实践又唤起人们对它的怀疑。说什么商业资本主义社会，什么亚细亚社会的人，都异口同声地认定中国社会是变则的。但是要说中国社会的变则性，是很容易惹起人们的反驳的。说者也许自信是“言之成理，持之有故”，不过要作历史的翻案，先要有事实的根据。于是一百年前的中国，是封建社会还是商业资本主义社会或亚细亚社会，就成为思想界争辩的中心点了。第二，封建社会之前，中国社会曾否经过奴隶制度，有没有出现过好像希腊罗马那样的社会形态？第三，亚细亚生产方法，见于经济学的经典中。作者不是无缘无故，加上这一个时代。虽然在他的著作中，未曾系统地说明过这个时代，可是精勤深博的天才，决不会任意涂改历史。因此，中国社会史的认识，又移到所谓亚细亚生产方法问题上去了。总括上文，中国社会史论战，不外以下三点：

（一）亚细亚生产方法是什么？中国历史上有没有出现过这样的时代？

（二）中国有没有奴隶社会？东西奴隶社会有什么不同？

（三）中国封建社会有什么特质？中国封建社会停滞的根源何在？

在八九年的论辩研究中，对于这三个概念，可说已得着结论了。虽然现在我们还没有中国人所著的中国社会史，也没有外国人用可凭信的中国史料所著的中国社会史，可是稍为留意中国历史问题的人，都已承认，中国社会史确已有了可靠的结论了。

这可靠的结论就是：

> 他们已指出了亚细亚生产方法，就是原始共同社会末期的进贡制。有了进贡的关系，农村公社长期保留在中国社会里，结果，公社虽然朝着应走的方向前进，可是跑起来却如龟步，如爬行。
>
> 他们指出了有了进贡关系，奴隶劳动就不大容易去清算公社的基础，所以中国或东洋的奴隶制度，虽由国有奴隶制，发展到家内奴隶制，但家内奴隶制再不能发展到成熟的劳动（或古典）奴隶制。换一句话说，中国古代不能靠着奴隶劳动来肃清公社的关系，确立私有制度，为封建社会开辟一条康庄大道。
>
> 他们又指出了公社关系不但纠缠着奴隶社会，同时更纠缠着封建社会。因为公社关系留在封建经济中，各地的农村，就一个个孤立起来，死守着闭关自守的生活。……所以地租不能正常地通过应通过的三个阶段，手工业也不能正常地进入工厂手工业时期。等到外国势力侵入来，中国已失了“自力更生”的资格了。在那时候，民族资本的生机突起一尺，而殖民地的劫

运又堕落一丈，同时，封建社会虽然是瓦解了，而封建势力的改头换目，盘据在国土里。这一切，形成了今日新旧势力决斗的社会基础。(《中国社会史问题论战·前记》三至四页)

这个结论，我个人觉得很宝贵。这并不是我自己的发明，而是我们许多先辈对于史学研究讨论的结晶。这个结论，在某些细微地方，或某一二原则，也许将来要加以修正，也说不一定。可说在目前东洋史的水准上，这是最可凭信的成果了。

然而，以一二百字，概括了几年来的总账，也许人们觉得难懂。只好把论争的经过，一一有条不紊地写出来。亚细亚生产方法问题，最先是由苏联提出来的，不过苏联虽然提出问题，却不能解决问题。日本是继续着苏联的提出而再提出的，可是它却把问题在原则上解决了。中国也是接着苏联的提起而把问题再提起，但中国史家，因为对于方法论的了解不够，于是人各一说，表示了非常混乱的状态。

我可以说最先把问题有系统地提出的是马扎尔。他在《中国农村经济研究》第一版的序论上，正式指出帝国主义在中国所遇见所破坏的是亚细亚生产方法。这本书是一九二八年出版的。过了两年，在某农业问题大会上，马扎尔又发表了《社会构成与农业问题》。他规定了亚细亚生产方法的定义是（一）人工灌溉，（二）灌溉发生阶级关系，（三）土地国有，（四）专制政治四点。大会共同讨论的结果，使他放弃了帝国主义在中国所遇见的是亚细亚社会这一点，而只保留着社会史中亚细亚社会这问题。一九三〇年的修正是不彻底的，人们为要把问题弄个明白，再来第二次的争论是很有可能的。果然一九三一年二月，在列宁格勒开讨论会了。在讨论会上，哥德斯的见解出现了。首先哥德斯指出了少数党否认反封建的意义，在中国社会运动中，引起了严重的错误，而马扎尔的观点，在客观上反从中附和。指出了论争的意义以后，又再提出历史方法论，应用生产关系这一概念，说明了社会构成史。他指出阶级社会史，只有三种社会形态——奴隶的、封建的、资本主义的，却没有"亚细亚的"。他以为亚细亚生产方法就是国家封建主义。哥德斯的大功劳是否定了亚细亚生产方法是一个社会制度，但在积极上他对于历史过程却混淆不清，因为他把"亚细亚的"解消在封建制之中，对于奴隶制与封建制的历史关系，是混乱了。所以哥德斯的结论只好作第二次论争的出发点罢了。

这问题又传到日本来了。日本史学界对这问题的论争，最初也很混乱。他们分成了四派。第一派主张亚细亚生产方法是原始共同社会，森谷克己是这一派的主将。从《〈政治经济学批判〉序言》中的公式来看，把亚细亚社会放在原始社会里，一看是合理不过的，可是卡尔所了解的东洋社会，却有国家的组织，有阶层的存在，要是抹煞这一点，显然违背了卡尔的主张。

第二派的代表是羽仁五郎和伊豆公夫。他们都以为亚细亚就是奴隶制和农奴制的混合体，不是甲，也不是乙，而是甲乙的混合，所以人们叫它作二元构成论。这种意见有两个缺点：（一）在氏族末期出现的男家长奴隶制，在欧洲直接转为古典奴隶制，但在东洋，只停留在家内奴隶制之上。因此，这个见解，不能指出氏族末期与男家长制，有没有关系，有什么关系。（二）新史观描写公社是向着奴隶制崩溃的。要是说亚细亚社会是二元的构成，那么氏族崩溃后出现的社会是封建制或是奴隶制，是不明确的。

第三派的代表是相川春喜和平野义太郎。他们主张它是先奴隶制的阶级社会。相川并在《德意志意识形态》中，找出“公社的私有”这句话，主要是说明公社的分解过程，说明阶级社会的发生过程，即是要说明奴隶制的发展史。因为公社具有公有和私有的矛盾，在公有私有的冲突之下，阶级社会方才发生出来。因此公社的私有是无阶级社会的最后一期，是转入阶级社会的过渡期，不能当作一个社会构成。

第四派代表是早川二郎和秋泽修二。一九三三年，早川也同意“亚细亚的”是国家封建主义。一九三四年十二月，秋泽也发表了同样的见解。但在同一个月中，早川又修正了过去的主张，重新估定“亚细亚的”是进贡制。它并不是一种独立的生产方法。一九三六年五月，早川的古代社会史更指出进贡制就是“氏族制度向着奴隶制度发展的过渡时期”。这种见解最初是哥德斯的日本版，后来经过了自我批判才渐渐接近真理之门。

“进贡制”出自卡尔的文献中。它并不是一种特殊的社会构成，只是“公社制度和初期家内奴隶制的混合形式”。有了这种关系，通常支配者和被支配者都生活在公社之内，所以社会表现了一种停滞状态，并阻止着奴隶制的发展。结果在“奴隶社会，不能以奴隶劳动消灭公社的土地制度，于是这种关系，仍留在封建社会”。

首先在中国提出这问题的是郭沫若先生。他在一九二九年说它是古代的原始共同社会，这是与森谷克己相一致的，一九三六年又说它是奴隶制以前的阶级社会的命名，等于家长制，那又与相川春喜的见解相一致了。

李季先生是信奉蒲列哈诺夫的，以为东西社会彼此大不相同，原因在于地理环境，所以欧洲奴隶制衔接着氏族社会，而东方却没有奴隶制，“亚细亚的”是氏族社会的承继者。他的中国社会史观，没有奴隶制，夏至殷末为亚细亚生产方法时代。这种见解，含有两种错误：第一，是屈服于地理唯物论；第二，以“亚细亚的”为一社会制度。

胡秋原先生又以为自秦至清末这一时期，是亚细亚社会，即是“专制主义农奴制”。他的错误至少有两点：第一，在封建制与资本主义之间，划出一个时代，叫它作专制主义；不从经济基础中，而只从政治形态中来辨别社会的构成，把分权的和集权的封建制，分成两件绝不相容的东西。第二，把带有亚细亚残余的封建制，当作是亚细亚生产方法。

总之，中国史家对这一概念，可说是十分混乱。而苏联也只提出了问题，未曾解决了问题。只有这几年来日本史家凭着辛勤的探索和争论，才渐渐使这概念大白于天下，早川、秋泽的功劳，也是很值得表彰的。

历史家对于“奴隶制”的混乱，并不亚于“亚细亚的”。混乱的表现，不只在于人们对于这一概念的了解不大一致，他们有些简直采着相反的态度，以朴素的见地，把中国奴隶社会一口否定了。首先以地理唯物论为武器，否定中国曾有过奴隶制的是蒲列哈诺夫。他是一位大名鼎鼎的学者，他的片言只字都可引起思想界的反应。以开垦中国历史田园自任的沙发洛夫，是受了他的影响的。他认定周朝为“原始封建制”，周以前是原始社会。在这两个社会形态之中缺了一个时代。后来沙发诺夫又影响了中国问题研究所编辑局，影响了哥德斯。编辑局以为在氏族的废墟上发迹起来的是封建制，哥德斯也忘了奴隶制的必然过程。日本的森谷克己所著的《中国社会史》，也是撇开奴隶制不谈的，殷是“原始社会的最后时期”，周是“未熟封建社会的成立时期”，又空白了一个奴隶制度。

中国史家大多数也是否定论者。善变的陶希圣先生，以为自神话传说时代一直至清末，都是封建社会，历史都是封建地主的天下，奴隶主人当然没有说话的余地了。李季先生的中国史观也缺了奴隶制度，亚细亚生产方法承接这一个空格。许多在读书杂志上发表文章的诸先生，或者在原则上不承认奴隶制度的规律性（陈邦国、王平），或者明白说出殷是原始社会，而周是封建社会（胡秋原、王礼锡）。

在新史学界，以最卓越的内容形式肯定奴隶制度的是郭沫若先生。郭先生根据卜辞、周金文字和《易经》、《诗经》、《书经》，重新估定西周是奴隶社会，补足了莫文干和恩格斯的著作的空格。这见解虽然在发表的当初，受着中外新旧史家的攻击，可是郭沫若的西周封建说到底是真知灼见，因此到了现在，一向反对他的有良心的史家，一个个都修正了过去的错误了。吕振羽先生又以殷代是奴隶制度（郭沫若也认殷末为奴隶制）材料虽然未充足，解释也似乎欠完备，他也是一个很高明的看法。郭、吕的缺点，是他们不肯把亚细亚生产方法和奴隶制度作有机的研究，于是，他们不是错认东西古典制度，是彼此同一，就是不能说出彼此各不相同的根源。

这个疑问后来得了解决的，是苏联的科洼列夫和日本早川二郎、秋泽修二的功劳。

科洼列夫的力作《关于奴隶社会的几个根本问题》是一九三四年发表的。他最重要的贡献是提出奴隶社会是一个普遍的范畴，不只限于地中海的古代社会，而是全世界的一个历史过程。他是根据古典的文献和许多东方史料而下这个结论的。他说历史是具体的、复杂的，不能以千篇一律的眼光来看。虽然如此，但历史的根本法则只有一个，就是公社是向着奴隶制分解。这篇文，还有两个缺点：（一）科洼列夫把奴隶分成“家长的”、“家内的”、“劳动的”三种，把东西奴隶制，作为两个范畴。这一机械观，可在奴隶制度这个概念之下，平面地把奴隶制度的过程解消了。

不了解这一点，于是发生“东洋缺了奴隶社会”的偏见。（二）科洼列夫以“亚细亚的”等于灌溉，这是颠倒的说法，灌溉是亚细亚的结果，并不是原因。这点不了解，必不了解以公社为基础的“亚细亚的”和未成熟的奴隶制的交互关系。

对于第一点表示混乱的是早川二郎。早川最初也是一个朴素的跳跃说者。自从读过科洼列夫的著作，才开始承认奴隶制的历史性。不过奇怪的是：他一方面承认历史法则，一方面又否认东洋有奴隶社会。他所谓“缺如”不是事实上的缺如，而只是期间的无限缩小。或者说除了古典奴隶制之外，什么也不能作奴隶社会的基础。中国缺了奴隶社会，是不对的。期间无限缩小，不能作判别奴隶社会的有无，也无可再辨。奴隶社会，是不是必以古典奴隶制作基础，也很成问题的。因为这是从形式逻辑着想，以为各国都千遍一律也经过一个固定化的奴隶社会，这不是辩证的普遍性，而只是形式的普遍妥当性。

对于第二点，科洼列夫犯了地理唯物论的错误。东洋社会，不会走另一条道路。然而东洋社会分解过程的迟滞，由于公社关系的留存，于是奴隶制现出了许多变态。

对于中国封建制问题，人们也各执一说，互相攻击，不肯干休。其中足以为代表的是李季、陶希圣、胡秋原、王礼锡诸先生。李季先生不只抽出了奴隶社会，而且否认封建社会与资本主义有承前启后的关系，在那两社会之中，插入了一个时期："前资本主义"。他举出来作前资本主义的六种标记的是：（一）自然经济，（二）商业资本，（三）地主阶层的存在，（四）手工业，（五）以前各种旧生产方法，（六）农工破产。这六点没有一点不是封建社会末期的现象，也没有一点可作前资本主义存在的证据。李先生以为只有纯粹封建社会才是封建社会，混合着封建社会以前各种制度的残余的封建制度，就不是封建社会了。

陶先生对于中国社会史，见解最容易改变。我不想提他的旧估定，只提他的新估定，因为话说来太长。他的新估定与李季先生是一模一样，也以为在封建制与资本制之间，有一个时期："先资本主义"。但陶先生所举出作先资本主义的各种根据：（一）自由劳动的存在；（二）耕地分散，地租占生产的一半；（三）工商业的存在；（四）内外贸易的发达；（五）货币地租的采用。这些也没有一点不是封建社会末期的现象，也没有一点可作新社会的特征。陶先生是看不起历史方法论的，正因为如此，对于历史过程，就弄得一塌糊涂，甚至连自己辛勤地搜集的材料，也不能自由运用。

还有胡、王两先生，也在封建制与资本制之间，找出第三条路。所不同的是李、陶的认识，还是大同小异，而胡、王与李、陶，却全不相同。他们认为自秦以至清末这二千多年的历史，是专制主义社会。但什么是专制主义呢？原来专制主义与封建主义或农奴制是同义语。他们有时说“封建底专制主义”，有时说“专制主义的农奴制”；这是以专制主义为封建制的另一种说法。有时又说农奴制是封建主义的发展形态，政治形式是专制主义，这一经济政治上的变态是商业资本推动的结果。这些也一无是处。难道发展形态也不是封建社会吗？我想只有胡、王才敢这样说。

首先以新的观点治中国封建社会史的应推沙发洛夫。他的《中国社会史》（一九二八年），最可取的部分是二三两篇。对于汉代至清末这一历史时代，这本书的特色是超脱一切传统的作风。他不以朝代为单位，而凭着动的观点来分析“封建制度的矛盾发展”。以目下史学水准来看，这本书怕已不适用为历史读本了，可是以历史眼光来看，却是一本极有价值的历史文献。

森谷克己的《中国社会史》（一九三〇年）中最有价值的是封建社会这一部分。著者指出了中国封建制的集权形式，指出了封建制的几个时期。依森谷克己看来，分权制和集权制只可说统治形式不同，统治本质却并无不同，它们都是封建社会政治形式。对于封建社会的发展，他划分了五个时期：（一）未熟封建社会的成立时期（周、春秋、战国）；（二）官僚主义封建制的成立时期（秦汉）；（三）均田制时期（晋南北朝）；（四）官僚主义封建制的发展时期（隋唐宋元明）；（五）官僚主义封建制的衰落时期（清）。严格说起来，这本书对于西周社会性质估计不当；对于各时期的划分，也觉得太笼统；朝代的特点，也说得不分明。可是，它能够指出了中国封建制的特质，指出了封建制的几个时期，也算得是很卓越的。

佐野袈裟美的《中国历史读本》，对于中国封建制度史，划分为三个时期：

（一）中央集权封建制的成立时期（秦汉）；

（二）中央集权封建制的发展时期（晋隋唐）；

（三）中央集权封建制的沉滞发展交错时期（宋元明清）。

这本书对于时代的划分虽仍感觉过于笼统，但对于中国封建史的整个了解，是非常确当的。佐野的观点是综合沙发诺夫、森谷克己的成果，同时又接纳郭沫若、早川二郎的新见解而成的。

对于中国封建社会，作过全面的批评，并且特地提出停滞问题来的有鲍勒呵夫的《中国封建制史的规律性》。这是一篇讨论会（一九三四年）上的报告，他的报告，包含三个要点：

第一，由纪元前十二世纪（殷末）至十九世纪，中国是封建主义所支配的时代。

第二，二三千年的中国社会史，包括六个时期：（一）殷末，周，春秋战国；（二）秦，汉，晋；（三）南北朝，隋；（四）唐，宋；（五）元，明；（六）清。农民战争，为前后两个时期，划了一条交界线。

第三，中国社会的停滞，是由于中国封建社会未曾通过地租的三种形式（力租、物租、钱租）。

这报告最大的错误是认定中国封建制度，始于殷末。不必说殷不是封建社会，西周社会目下也被公认为奴隶制度了。这一点后来在苏联也引起奥士博士的激烈的反驳（《中国古史上的奴隶制度问题》）。要是丢开这点不提，报告者指出中国社会的停滞性，是对的，可惜的是他只在地租形式的畸形发展中来找寻停滞的基础。这点只可说是停滞的现象，不能当作基础，因为地租缺了正常性，那是别有原因的。在大会中，曾有一个叫屠格列夫的，特别提出"亘古不变的氏族公社"的"作用"，以为那是历史停滞的根源。这个问题，有了德国学者韦特伏格尔的《中国经济与社会》，日人横川次郎的《中国农村公社及其遗制》，早川二郎的《古代社会史》，秋泽修二的《奴隶社会构成的意义》、《东洋哲学史》，根据古典文献和史料，作多面的解释，才渐渐明朗化起来。

第六章 国难与新启蒙运动

一、启蒙运动的第二次否定

第二次否定，就是哲学上的否定之否定。否定之否定这个哲学名词，是由两个发展公式所组成的；第一次否定是对于肯定的否定，第二个否定是对于否定的否定。我把这个公式，应用到启蒙运动史，意思是说“五四”文化运动是肯定，新社会科学运动是否定，而新启蒙运动却是否定之否定。

我为什么说“五四”文化运动是肯定呢？

“五四”以前的洋务运动、维新运动，只可说是士大夫的自觉运动。在那时候，客观上既缺了物质的基础，而领导的主体，也只是几个有良心有眼光的青年绅士。这由上而下的运动当然不算是真正的启蒙运动。辛亥时代的三大原则，是民主主义的纲领。但那时的物质基础仍未充分具备，所以思想运动得不到广大人民的接受，只靠着军事的投机，才达到反正的目的。“五四运动”就不同了。文化运动是由于资本主义的兴起而来的。因为资本主义企业是兴起了，就不得不继续着再生产，继续着扩大再生产。可是那时西方的侵略者，虽然已放下了屠刀，而远东的小鬼，却如水银泻地无孔不入地在中国左右驰骋。国内军阀制度形成了半割据的局面，南征北伐又破坏了全国市场的统一。在外忧内患的夹攻中，你想除了民主革命，还有什么出路？但革命的直接主要对象，还是南北军阀及其物质基础，民族解放是通过这次残酷的内战而完成的。不过那时民主要素之间，统一的政党未曾出现，民主势力的结合，也刚在开始。在那时候，先发动一次头脑的改造运动，作为未来政治运动的桥梁，那是很自然的事。真正的资本主义性文化运动是由“五四”开始的。所以我说“五四”文化运动是肯定。

我为什么说新社会科学运动是否定呢？

中国社会运动既然是民主运动，接受民主思想的人当然都可以参加，所以在民主运动的旗帜下，关系是很复杂的。有些人只望着一个“理性国家”，有些人是怀着一些美丽的幻想，有些人却以这个市民理想化的国家为一个过渡的形式。这些要求的距离是很远的。追求着“理性国家”的人，必忘记了社会制度是变动不居的东西，把这个制度看作是永久的准则。并且在后背拉着同路人要他们规规矩矩，不能越过他们的雷池一步。抱着一些不着边际的理想的人，大概好作夸张，一旦遇着艰难，尝着辛苦，不是瑟缩不前，就是低首丧志了。有远大的眼光的人，他们为目前的环境奋斗着，同时也望着历史转变的远景。有了这些不同的人，不同的看法，自然会发生磨擦，可是大家如果认定了一个共通目标，为着它而共同奋斗，磨擦虽然不可避免，但绝不至分手，绝不至“迫得我们大家兄弟们要分起家来”（朱光潜先生语）。然而不幸得很，中国的市民，不能与法国的市民相提并论，他们与国内的旧制度直接间接都发生着深浅浓淡的关系，对外来的权威多多少少又作着中介作用。他们的狭隘性不只是刻上了社会性，并且刻上了民族性。这些人最受不了恐吓、威胁、诱惑、高压，所以当社会运动到了慷慨激昂的时期，本来是被攻击的对象，却一方面以花言巧语，引他们同流合污；一方面又摆出一副凶恶的面孔，迫他们作城下盟；同时，本来是自己的战友，一时突然嫉忌起来，你猜我疑。在那时候，兄弟分家的事情“原非起于本意”，但也不得不给那时的“情势”所“逼成”了。

然而历史是不会向后转的。当然也不是走直线，一起帆就破万里浪，中间不免遇着暗礁，也不免受逆风逆浪所阻，而采着曲线的姿态，但是发展这基本法则，并不会因此而摇动。

家门不幸，离了家在外边流浪的兄弟，不免同野心家勾结起来，扰乱自己的家园。然而在家的兄弟，并不因此而心灰意冷，只是防守与进攻的意志更加坚决，抵抗的阵势更加鲜明而已。自然兄弟不睦，是一件极痛心的事，但家里既遭着这样的不幸，也无可奈何。所以仍支撑着家庭残局的家丁，不得不重新考虑防守进攻的战略。

家事是如此，国事也是如此。一九二八年以后，中国在政治上打出了一条新的道路，在文化上又出现了新社会科学运动。那时以新哲学为中心，一方面介绍哲学的经典，一方面又介绍哲学的入门书。最值得大书特书的是以新的观点来重新估量中国社会的性质。这一尝试不只使人们相信新哲学是世界的最准确的反映，而且使人相信，只有应用这方法，方才可以解剖谜的古国。这种认识是不平凡的。对于现代社会，对于社会史的再评价，不过是第一次的尝试，后面还有更艰苦更复杂的工作。但这次尝试，已有了光辉的成绩。现在稍肯运用思想的人，莫不公认它是“理性的尺度”。然而所谓尺度并不叫人们背诵几个公式，主要是把它与现实的生活融成一体。在那时候，思想界出现了清一色现象。甚至原来敌视新哲学的人，也不能不以它为幌子，企图在幌子之下，达到招摇撞骗的目的。在这点上，新哲学的威力也就可想而知了。

在新的政治时局底下，这一清一色的现象是必然的。各人的生活环境不同，各人就有各人的看法。几种人为着同一理想奋斗的时候，对于那理想的估量不免有种种不同。力量的结合已逐渐趋于单纯化了，自自然然看法也不比从前那样复杂。也许各派思想在自由竞争中，也可以渐渐达到一致。但是到了人与人的关系单纯化了，意见不比从前这样分歧的时候，大家可以统一方法为中心，一方面以它作观察的准绳，一方面又发扬它的内容。新哲学成为当时评判的尺度，所以我说新社会科学运动是“五四”文化运动的否定。

我为什么说新启蒙运动是否定之否定呢?

六年的国难，提醒了中华民族的自觉。中国目前正处在一个大转变期中。前一些时候，有些人相信对外妥协是一条逃避的路。这种想法也许是有根据的。如果华洋资本是一视同仁，彼此可以共荣共存，恐怕也算是一条高明的路。可是六年的国难，什么人的幻想也给无情的事实打破了。封建残余的确不想抗战，而要安安稳稳地保卫他们的土地财产。但我们的芳邻，并不希望他们做印度、安南、朝鲜的地主，在宗主国的保护下，做着圣代的富豪。我们的国土被抢以后，敌人一方面实行武装移民，一方面又随意没收土地。虽然有人想过亡国奴的生活，也是不可能的。也许有些意识糊涂的军人，以为以土事敌可以保存禄位。这一看法又错了。亡了国做了亡国奴的人，在例外的条件下，也许还可以望敌人开恩，让他在经济上保留着过去的地位；但在军事上，如果你是有武装的人，他们是万万不许可你在无祖国的土地上，来称孤道寡的。是的，买办的生活泉源是建筑在推销洋货收买原料的流通过程之上，但敌人的武装走私，已差不多把靠着友邦以外的买办的生命，在带甲拳头之下打死了。是的，买办可以随时改换主子，但是中国没有多少纯粹买办，大概买办同时又是银行家或工业家。所以某地的买办一定以某种经济上历史上的关系，和某资本主义结了姻缘，不是随便可以自由分手的。是的，银行家也有苟安心理，因为他们的生命线建筑在投机卖买与高利贷之上，所要求的是安定。然而正因为有了这种特点，就不得不与当地政治机构，发生密切关系。但日本的大陆政策是不许中国有独立半独立的土著政权存在的。况且敌人在东北封闭金融机关，取消流通证券的往事，内地的银行家是深刻地记忆着的。工业家在军事政治经济的进攻下，更没有可能苟且偷安。

也许有些前进的文章家，说这个不行，那个也不行，甲不爱国，乙也不爱国，企图以左的言词，辩护某种目的，那并非左得可爱，而是敌人派来的苏秦。

一点也不错，我们现在所选择的是“中国民族的生与死”（蒋弗华）。国难加强了我们兄弟间的社会关系，“祖国的存亡，超过了个人的利害，私人的仇怨，转化为民族的仇恨”（江陵）。“民族的利益高于一切”（柳湜）。

在政治生活的天地里，我们事实上已向着“精诚团结共赴国难”的目标迈进了。这并不是一党的精诚团结，而是全国人的精诚团结。十年来的残酷无比的内战，已停止了，更深一层的政治大团结——民主政治、民主宪法，也在实现的过程中了。

当然，没有一种新的现象的发生，是可以不费气力得来的。正因为不知耗了多少人民的生命财产，才使人们痛切感觉到国难国耻的可怕；也因为有了二十余年惨烈的内战经验，人民才认真相信和平统一、民主国家的可贵。中国已开始转变到一个新的时代了。

以前大家一时糊涂分了手，心里自然觉得无上的难过。目前大家醒了。除了几个汉奸以卖国求荣（！）之外，谁个不爱国，不爱民族。“文化是政治的反映，同时也是政治的预见。”在新的政治环境下，文化思想上也自然会掀起一个新的运动。首先文化运动的狭隘性，不能再让它发展下去。信奉二元论的，信奉实验主义的，信奉唯生论的，信奉唯物论的都是爱国的分子。他们所信奉的思想，在爱国运动之中，应尽着它应尽的任务。大家不能互相标榜也不能互相排斥，只应问问自己有没有尽了最善的努力。很显然的，这一思想运动是带上了爱国主义自由主义的性质。从前的文化运动是由反封建思想作起点，今日的文化运动，却以反异族的奴役作起点。对象是不同了。以前的文化运动，是导于一尊，今日的文化运动，却是各派思想的竞赛。过去，有人喊“五四”时代已过去了。并不是“五四”真的已过去了，倒是人们过分热心于新思想的追求，过分努力满足少数青年的求知欲，不知不觉中把主要的任务放下了，或者至少把它放过了。中国在思想上所走的路，并非“不是左，就是右”，也不是“决没有含糊的余地”。大多数老百姓，还在醉生梦死里，还被迷惑在封建思想的氛围中。为了唤醒最大多数国民，必须提出反独断的信条，我们反对封建思想的独断；也反对以权威来统一思想的垄断；又反对以公式作尺度的武断。这一运动，我叫它作新启蒙运动。它是新社会科学的否定，所以又叫作否定之否定。

否定会有扬弃那两重意义，积极的“扬”它，消极的“弃”它。第一次的否定，是把一切失了民族自信心的思想，都舍弃了，只扬起了新方法论；在第二次否定中，又把狭隘的思想运动舍弃了，而扬起了一切有自信心的思想。否定之否定，第二次的否定，还含有“反复”的意义。这种反复，当然不是单纯的复写，只是在形式上反复着过去运动的姿态，而实质上却已到了一个新的阶段。譬如同是爱国主义运动，但这一次启蒙运动所选择的对象不同；同是自由主义运动，但在目前，我们已锻炼了一个壁垒鲜明的思想派系了；过去反封建任务未完成，目前在理性运动面前，以公正的态度，批判一切非理性的东西。

在这个意义之下，我叫这一次启蒙运动是新启蒙运动，在启蒙之前加上一个新字，是表示它是过去启蒙运动的综合，经过扬弃的作用，已把启蒙工作，提高到一个新的阶段了。

二、新启蒙运动的提出

新启蒙运动就是文化思想上的爱国主义运动、自由主义运动、理性运动。一年来思想界的自我批评，都是以这一个认识为中心点。不论是高呼思想的危机，不论是反对公式主义、反对差不多主义，不论是再评价“五四运动”

或戊戌运动，不论是谈文化思想问题、谈思想自由或谈思想统一，都感觉到新时代的必然到来，关门主义不再让它发展下去，必须有一新的文化运动，以作政治的“预见”或作它的辅助。我并不是说，有一个先知先觉的文章家，发表几篇文章，从头至尾，把这问题解释一番，人们就奉它为金科玉律。不是的。最初的提出，不一定有目的意识，即使有目的意识，也未必包含问题的全面。总之，有了新的刺激，人们的脑里就起着反应。反应当然不只是一个人。只是有一个感觉最敏锐的人先提出来，不论是一些直觉，或是一点感想，于是加强了人们的注意力，引起了广大影响。或者又有人提出了反面的见解，由于大家的研究、批评、论争，于是问题的内容，更加充实起来，人们的认识，也渐渐与客观的存在相接近了。

我也不是说，目前大家的认识已达到最后的一点，事实上这样的认识是不存在的。不过现在人们的意见已逐渐趋于一致，倒是事实。认识的辩证过程，这里又得了一个标本的说明了。

首先意识地把问题提出来的是北平陈伯达先生的《新哲学者的自己批判和关于新启蒙运动的建议》(《读书生活》第四卷第九期)。这篇二三千字的文章提出了很宝贵的意见:(一)新哲学者的自我批评;(二)新启蒙运动的倡导。自我批判又分两点，第一点是说新哲学者对于中国旧传统思想，缺了有系统的深刻的批判，而这种传统思想，目前正成为敌人和汉奸来愚昧中国国民的有力工具；第二点是说中国新哲学者在写作中，不能用辩证法来解释中国的现实生活。所以为着拯救目前的国难，新哲学者应该组织“哲学上的救亡民主的大联合”，应该发动一个“大规模的新启蒙运动”；一方面“从事于中国现实之唯物辩证法的阐释”，另一方面“组织一个哲学上的反抗礼教的联合阵线”。

这篇文章是二十五年九月十日发表的。十月一日陈先生又在《新世纪》第一卷第二期上发表了《论新启蒙运动》。无疑的这篇文章是上文的补充，更具体地阐明了新启蒙运动的意义，陈先生先评价历史上的启蒙运动。他以为戊戌启蒙运动是上层思想家的呼喊，辛亥革命在文化上也没有引起一个普遍的群众运动，“五四运动”才是文化上的群众运动。但是自从“九一八”民族来了一个大逆转以后，文化上的黑潮又卷土重来。侵略者汉奸，要把我们拉回中世纪时代，提倡复古，提倡尊孔，提倡礼教，鼓吹盲从，鼓吹迷信。因此我们需要组织全民族的抵抗来解除国难，同时也必须唤起全民族的自我醒觉。陈先生说：

> 我们反对异民族的奴役，反对旧礼教，反对复古，反对武断，反对盲从，反对迷信，反对一切愚民政策。这就是我们当前的新启蒙运动，也就是我们当前文化上的救亡运动。在这里，我们要和一切忠心祖国的分子，一切爱国主义者，一切自由主义者，民主主义者，一切理性主义者，一切自然科学家，……结成最广泛的联合阵线。（一五页）

这两篇文章，可说是新启蒙运动最初的呼喊，也可说是新启蒙运动的奠基石。在这里，对于文化上的救亡主义，反武断主义，文化上的大联合，文化上的民主主义，已划出了一个轮廓。为什么新文化运动要以爱国主义为依归，以民主主义大联合为前提，来“反对传统”，“开发民智”呢？在这两篇文章里，这点已有了原则的规定了。当然一个新的文化运动，不是几千字可以发挥得痛快淋漓的，不是一两个人的努力可以包办的。除非这个运动，不是适时的东西；除非这个运动，不是历史的产物，自然没有人来管它。要不然这一运动是当前转变期中必有的过程，结果也必定引起思想界的注意、批评和讨论。

在陈先生提出问题的时候，国内环境，还在混沌沉闷之中，将来的揭晓是A是B，还是一个未知数，人们的脑里还埋伏了许多疑虑。虽然有见识的社会运动家，根据客观的环境，已预见政治上的救亡大联合是必然到来，并且努力促它早日来临。而文化界的先觉分子，自然也感觉到这一大转变的必然性，在文化上也要来一个新的方式，以配合新的形势了。

艾思奇先生在《生活星期刊》双十特辑所发表的《中国目前的文化运动》就是紧接着陈先生的提出的一个响应。在这篇不满三千字的文章里，艾先生提出了两个基本概念：

（一）中国目前的新文化运动是以爱国主义为直接的主要内容；

（二）爱国主义的文化运动是民主主义的性质。

然而有人以为爱国主义不是这一次文化运动的特点，因为一百年来政治上、文化上的运动，都是由于帝国主义侵略的刺激，带上爱国主义的性质。艾思奇认为这只是片面的看法，因为"'五四运动'以前的文化运动上的爱国主义是从改造自己出发的，但现在的运动，是在敌人的直接猛烈侵略的处境之下发动，自己改造的余裕已经没有了"。对于民主主义，为着提防人们的误解，还要再申明一下，因为一说到自由，有人就以为什么思想都可以自由，思想自由了，就失了中心了。他说：

不论是资本主义的文化要素也好，封建的文化要素也好，不论是实验主义也好，社会主义也好，只要你所发挥的是有用美点，都竭诚欢迎你到这运动中来。或者换一个说法，目前的新文化运动，应该是一个爱国主义的自由竞争场。如果它的爱国的作用愈更发挥得多，那它就愈更出色；最能够发挥这种积极性的文化，在这运动中就会站主导的地位。（二二二页）

艾先生末尾又说陈先生曾发表了“很精彩的意见”，希望大家“参看一下”，这篇文不用说是受了陈伯达的暗示而写的。在某一意义下，又可说是补充了陈先生的意见。从此以后，人们对于新启蒙运动，已不是谈论什么应该不应该的问题，而进到来估量它是一个什么问题了；从此以后，稍微关心着时局动向的文化人，都来研究这一运动中的个别问题，讨论个别问题的内容性质了。

在《文化食粮》的创刊号上，艾先生所发表的《新启蒙运动和中国的自觉运动》，主要是说明中国史上爱国主义的发展。

陈伯达先生早已把新哲学的否定之否定律，应用到中国社会运动史上，艾先生再来引申他的意见，认为辛亥革命所以是肯定，就在于“它是种族的，反满的各阶层各派的革命运动，同时也就是和封建势力也联合一致，并且是受封建势力的利用而失败的革命运动。‘五四’和国民革命是辛亥的否定，是因为它的反封建的性质，是在于它和封建势力的明白对立”。目前的政治上、文化上的爱国运动，是否定之否定，又是因为“它又是要求一个种族的统一运动。只要是于民族的生存有利益的话就是对一部分封建势力携手，也是在所不惜的。它回复辛亥革命的救国某些特征”。

陈艾两先生的目的在于说明目前的爱国主义和过去同样性质的运动的不同，在于阐明爱国主义的发展阶段。这一点他们是成功了的。

在那半年之中，中国政局是可以用急转直下那四个字来形容的。这反映在和平统一上，反映在民主运动上，这急转直下，都可说是中国新生的起点。为了适应政治上的新形势，或者为了推动这种形势到理想的境界去，对于文化运动，不得不生出一种重新估量与认识的必要。因为必先作了一番清算工作，才好作一番积极的建议。

那时，怀疑，不满现状的情绪，可说是普遍的。也许只蕴藏在心里不曾说了出来，或者说了出来，只是一些杂感。然而在已发表的文字中最可注意的是蒋弗华先生的《青年思想独立宣言》和炯之先生的《谈差不多》。蒋先生指出我们所缺乏的第一是知识，第二是知识，第三也是知识。他劝诫我们要“赶快抛弃一切不健全的思想和信仰，走上救亡运动的道路”。这是很切实而有力的呼喊。他叫道：撒旦，放下你的屠刀！又叫道：法利赛人，你别饶舌罢！可是作者虽然喊出“思想独立”，而对于“思想独立”四字，却有了误解，以为“青年人有青年人的行径”，“青年要创造”，不要“摹仿流行的腔调”，也不要“追随世俗的步趋”。蒋先生也说过：“知识生自历史的实践，它是无数千年人类经验的累积，它是代代相承永不熄灭的火炬。”既是如此，“知识上的成就”，既是“人类经验的累积”，而所谓“流行的”“世俗的”思想，就不能以“不健全”三字来一笔勾销。我们只应问它有没有“放到人类历史的实践里去试炼的价值”，不应以“流行的”“世俗的”等字眼来抹煞了它。在这一点上，蒋先生只在消极上批判了左右的武断，在积极上却未曾贡献过什么。

炯之先生的话是对着文艺运动说的，他喊出“作家间需要一种新运动”就是反差不多运动。他说：

> 近年中国新文学作品，似乎由于风气的控制，常在一个公式中进行容易差不多。文章差不多不是个好现象。我们爱说思想，似乎是得思得想。真思过想过，

写出来的文学作品，不会差不多。由于自己不肯思想，不愿思想，只是天真糊涂去拥护所谓某种固定思想，或追随风气，结果于是差不多。

这两篇文章，打动了一向对于“当前文化事业”表示“怀疑”“不满”的柳湜先生，“引起”了他去“考察”，又把他的“怀疑和不满”更加“扩大”起来，才写《国难与文化》，对于“中国文化运动往何处去的问题，作一个系统的答复”。这本小丛书对于目前文化运动是给了一个有系统的全盘考虑。这全盘的考虑，最值得注意的，倒是过去启蒙运动留给我们的是什么与目前中国文化运动的病症在什么地方这两点。他以为过去文化运动未能普遍地掀起一个全国国民的头脑改造运动，所以非理性思想，仍盘据着大多数人的头脑里。

辛亥革命，老百姓大致都在梦里；“五四运动”只解放了几个中等社会的青年男女；一九二五到二七年的国民革命，那影响虽然比较很大，但被解放了的范围也仅及于都市的一部分工人和革命军经过地带少数的农民和自由职业者。当前国难也仅使直接被侵略地的同胞，脑子起了很大的变化，其他各省的同胞的印

象，还不够深刻。（六六页）

所以我们目前要“布置一个空前广大的全民族思想解放运动”（六二页）。但是文化上统一救亡运动，到目前为止还在“酝酿时期”，目前文化运动不能开展为一个全民族的统一运动，“主观上的原因”是：

（一）对于文化与政治的机械的了解，以文化作为政治的尾巴；

（二）过于热心政治运动，忘记了纠正过去文化运动中的缺点；

（三）犯了关门主义与公式主义的错误。

《国难与文化》的出版，又使人回头看一看过去文化运动的功绩及其缺点，看一看目前文化运动的病症及其医治方法。这一积极的贡献，我们不得不归功于柳湜先生。

《国难与文化》是二十六年三月十六出版的。过了两个星期，即四月四日，以一自由主义者的姿态出现的朱光潜先生的《中国思想的危机》，在《大公报》上发表出来了。接着又有狄超白、沈于田两先生的批评与反批评，使人们对于这一运动格外感到兴味，同时也吸引了更多人的注意。从表面看来，朱狄沈三位所争论的好像是思想的危机，而骨子里却在于思想自由这问题上。思想究竟应自由抑或应统一，思想自由与统一是否绝不相容，以权力来统一思想，抑或以自由竞赛来统一思想。这些我想是论争的中心点。

朱光潜先生诊断中国思想的危机，第一是：“误认信仰为思想，误认旁人的意见为自己的思想”，只有信仰而没有思想。第二点是：“信仰某一派政治思想，而抹煞其他学派的政治思想，甚至以某一派思想垄断全部思想的领域”；思想是狭隘的、垄断的。第三点是：“浮浅窄狭的观念，因口号标语的暗示，在一般青年的头脑中深根固结，形成一种固定的习惯反应模型，使他们不思想则已，一思想就老是依着那条抵抗力最小的熟烂的路径前进”。第一、三两点，其实只是一点，就是目前思想界只有信仰，没有思想。因为只有信仰，就“无用思想”，不再“向新路径尝试探索”了。朱先生把思想与信仰看成绝对不相容的东西，是由于他误解思想只是“一种有条理的心理活动”，而忘记最重要的一面——思想是客观的反映，于是抹煞了思想的实践意义，以为有了思想就不必有信仰，思想一成信仰，就污辱了思想的尊严。信仰《资本论》的人也要像作者那样“在伦敦博物院的图书馆困坐数十年辛苦研究”。要是如此，那正如任白戈先生所说：“那马克思的学说早已破产了。”朱先生的第三点，如果解作反对强权对于思想的干涉，抨击一班妄人，以为指挥刀在后面，什么都可以垄断起来，于是大声疾呼，要求思想要有独立性、创造性、自由性，而反对思想的因袭性、保守性、包办性；那是值得称颂的。他说："思想的最大障碍是任私见武断，而成功的要诀则在自由研究与自由讨论。"

这是一个很有力的叫喊。我可以说，这不仅是一个大学教授的要求，而是全国大多数文化人的心坎里流出来的实话。不过有一点应加以说明：朱先生对于思想危机的了解，既不合乎事实，同时对于思想危机的医治方法，也看错了。他以为医治的方法主要是要了解思想所必有的态度和方法，那方法是"多受些辛苦的谨严的科学训练"，要有"正确的思想习惯"。如果问题的关键真的在这里，那无怪狄超白先生要说最好的方法是"把形式逻辑颁为初级中学的必修课"了。然而相信思想是社会的产物的人，却不作如是观。狄先生是这样的信奉者。他先指出中国今日的思想，只有两条路，不是左，就是右，绝没有第三条，我们一家兄弟已分起家来，大家成为仇敌。他认定思想上的左右对峙，不能归罪于"为学的方法不对"，而应在客观情势中求它的根源。过去的客观情势已逼我们动起干戈来了，现在的情势是否又推动我们化干戈为玉帛；或者用别的话说：现在是否"有共同的认识和共同的要求"。沈先生以为这“认识”和“要求”已经“具备”了的，他说：

> 今日不问什么主义，只要他底目的是为中国人民的前途而着想的，那么都得把各该主义中的高深望想暂时搁起，而共趋于民族解放之途。

所以狄先生就希望：“政府是应当以最好的方法，消除人民思想上的纷争。”

说到这里，话得说回头。朱先生否定了思想的社会性，当它是“心理活动”，因此见了左右对峙的危机，就要人多注意些做学问的方法，多受些科学的训练。他的看法是错了。但在这错误的看法上，他却要求思想自由，要求自由地研究和讨论。这要求是对的。狄先生确认“思想是时代的反映”；出发点是对了，但他以为今日中国社会的发展，已使我们有“共同的认识”，于是要求政府出来“消泯思想上的对峙”。这样在正当的出发点上又建立了不正当的结论了。

朱、狄两先生的观点，都有对与不对的两面。

从粗枝大叶上看，我们目前对于抗敌救亡，确已有了统一的认识了，而且在行动上也与这个认识渐渐趋于一致了。但在具体而微的地方，仍不能否认还有种种不同的看法。有些人却患着近视病，有些人的眼光远大，有些人又崇尚空谈。当然真理只有一个，几种看法只有一种最合理。但要使思想统一起来，不必要权威出来干涉，而应在神圣的抗战旗帜下，一切派别思想体系，都有自由存在、自由研究、自由批评、自由论争的权利与义务。在研究中，在批评中，在论争中，来建立统一的思想。沈于田先生说得好：

> 它们在抗日救亡的一个共同的大目标上说，也许可以算是“统一”了，但这统一并不抹煞它们的不同立场，它们在理论问题上的歧异。
>
> 思想的各种各样并不是危机，倘若任何一派思想，要靠政治力量和武力，来强迫地灌溉到民众中去，使他们盲目地信仰，那才是危机。
>
> 只有从思想的斗争中间，才能产生思想的统一——这不是简单地统一在一种政治力量和武力下面，而是统一在绝对真理的旗帜下面。只有实践能证明某一派思想是绝对真理或是最接近于绝对的真理。

只有思想自由，才能保证思想的活泼的发展和光明的未来——这是沈先生的中心观点。在讨论批评的过程中，又再一次评价思想自由问题，无疑的认识又更深入一层了。

还有北平的江陵先生在《国际知识》创刊号所发表的《开展中国新文化运动》一文，对于文化上的救亡大联合，提出了一些宝贵的意见。大家都记得陈伯达先生说过这样的话："新哲学者乃是目前新启蒙运动的主力，动的逻辑之具体的应用将成为他目前新启蒙运动的中心。"江先生觉得这话包含的"范围过小，面目过左"。我想陈先生这句话是对新哲学者说的，所以后来他写第二篇文章对着文化人说语的时候，已改了口气，说："新启蒙运动结合的范围，仍是广泛的，对于动的逻辑之承认与否，绝不是这种结合的标志。"

江陵先生认为联合的范围要宽，说话的态度要公正，对于倡导者陈、柳两位所作的工作纲领，提出了几点修正：

原文	修止文
大量地介绍新哲学到中国来，并应用新哲学到中国各方面的具体问题去。（陈文）	大量地介绍新哲学到中国来，引起中国的自由的讨论具体的探讨。
特别清算今日的伪唯物论的思想。（柳文） 反复古，反武断，反偏见，反盲从，反迷信，反因袭。（陈文）	特别清算中国今日的民族叛贼的思想，或错误思想，反武断，反盲从，反迷信，反因袭，反公式，反包办。

这个修正是更具体了。我们的脑里不应有丝毫笼统的概念。后来柳先生在《国际知识》第三期对于“在此时此地不必提唯物论”这点，已写着“我完全同意”五个字。而陈先生却以为他那些话只是“说明目前新文化运动和过去新文化运动在人事上和在认识世界的工具上的主要的变化”，并且声明：“新启蒙运动的确是全国文化人的共同文化运动，而不是‘左翼’的文化运动。”我想陈先生的本意，未必犯了“容量太狭”的毛病，如今又讨论一次，我想大家对于“严谨地提防自己的宗派”这一点，怕已完全一致，再也不必在字眼上作无谓的争辩了。

这半年中对于文化思想性质问题的具体讨论，已把问题推进到一个新的阶段，使人们对于问题的了解更加深刻。也许到了此时，要来一个新的综合了。对于性质问题作了一个收束，才好提出具体的实践方法。《认识月刊》的《思想文化问题特辑》（创刊号）的出版，在某一意义下，算尽了这一任务。它有承前启后的作用，把前时的讨论，作了一结束，新的讨论，又以此为起点。

在这一意义上，这一特辑里值得留意的文章有：

（一）艾思奇：《论思想文化问题》；

（二）陈伯达：《再论新启蒙运动》；

（三）张申府：《“五四”纪念与启蒙运动》。

艾先生对于目前思想文化本身的性质，指出了三点：

第一，新启蒙运动是“文化思想上的爱国主义，民族主义”；

第二，新启蒙运动是“思想文化上的自由主义，也可以说是民主主义”；

第三，新启蒙运动是“反对”“左方面”和“右方面”的“独断”。

张先生对于新启蒙运动的内容，也指出了三点：

第一，新启蒙运动必是“理性运动”，必要“反对冲动，裁抑感情，而发扬理性”；

第二，这个新启蒙运动应当是“综合的”，是“各种现有文化的一种辩证的有机的综合”；

第三，今日的启蒙运动，不应“浅尝”而要“深入”，“对于中国文化，对于西洋文化，都应该根据现代的科学法更作一番切实的重新估价，有个真的深的认识”。要这样子，才作到“文化的综合”。

《什么是新启蒙运动》可说是上文的补充。张先生前后所写的两篇文章，字数很少，但却有很深的含义，是值得吟味的。

陈先生的《再论新启蒙运动》，副题《思想的自由与自由的思想》，是一篇力作，在某种意义上，也可说是对过去的讨论的总结。他指出了："挽救目前思想界的危机，唯一的道路，就是思想的大解放。"也就是"思想的自由与自由的思想"。所谓思想的自由，是"废止"思想上的"物质的镣铐"；所谓自由的思想，就是"摆脱"思想上的"精神的镣铐"。"思想大解放的运动，批判的运动，同时也即是理性运动。""新启蒙运动是民主主义的思想运动，是爱国主义的思想运动。说是民主主义的，就是说，思想的自由与自由的思想。说是爱国主义的，就是说，这种思想的自由与自由的思想，在目前是为着唤醒四万五千万同胞起来保卫我们的祖国。"这些话也是说明，新启蒙运动是爱国主义的自由主义的理性运动。

在差不多一年之中，经过了南北文化人的广泛的讨论，大家不只对于新启蒙这个运动认为是目前少不了的历史过程，而且对于这一运动的性质内容，也在自由讨论中得着了一个共通的结论。这结论简单说来是：

（一）新启蒙运动是思想文化上的爱国主义运动；

（二）新启蒙运动是思想文化上的自由主义运动；

（三）新启蒙运动是理性运动；

（四）新启蒙运动是建立现代中国新文化的运动。

这四个特点，是有密切联系的。目前思想文化运动是以抗敌救亡、民族解放为依归，以自由研究、自由发表、自由批判、自由讨论为前提，来发扬理性，说话做事，要有根据，广泛地深入地批判一切中国的西洋的文化，以建立现代中国新文化的运动。

你看，作总结的时候，只是简单的几句，已不知流了多少人的血泪，绞了多少人的脑汁，才一步一步得来的。

第七章　目前思想文化问题

一、新启蒙运动是文化思想上的爱国主义运动

一个名词的提出又博得广大的同情，一定有当时当地的条件存在。目前在思想界已成了主流的新启蒙运动，当然是不能有什么变则的。在三四年前，就有人提起这个名词，一年前，又有人以明确的词句再提出来。然而这一运动不但在三四年前得不到广大的反应，即使在一年前，响应和接受它的，也只限于思想界少数上层分子。但自从上下团结御侮的局势逐渐明朗化以后，相应着这一政治上的民主运动，文化思想上的新启蒙运动，就成为广大的文化人抗敌救亡的共同目标了。这是针对着国难而产生的两种主要潮流。

在问题提出的最初，大家的目标是集中在新启蒙运动本身的性质。目前为什么要来一次新的启蒙运动？新启蒙运动是什么？这些可说是一年来许多热心思想运动的朋友们聚精凝神的所在。各人的肺腑里有什么感想，尽量发表出来。有些人心里蕴藏着许多宝贵的意见，他们以论文的形式发表了一篇雄论，有些人心里只有一点点感想，也不妨以小品的形式发表出来。只要是个人的独到见解，对于问题的解决都有它应有的意义。综合了各个人的观察，就得了我们现在对于思想文化运动的根本观念，就是：以爱国主义为依归，以自由主义为前提来反对武断，宣扬理性，而达到建立现代中国的新文化的，就是新启蒙运动的根本概念。

我们说新启蒙运动是爱国主义运动，只是就它的效果上，就终归的目的上说，即是，无论一篇科学论文，或是一篇文学作品，只要它是现实的反映，对于我们认识目前的局势有好处，那就可以说是爱国主义。并不是什么东西，开口闭口都不离爱国这两个字。我试举一个例子来说明一下。科学与艺术原来是两门不同性质的学问，科学是抽象地反映或表现现实，而艺术却是具体地反映或表现现实。一篇论文，不论是历史、经济、哲学都用分析方法，有条不紊地把世界解剖了，但是一篇创作，不论是小说、戏剧、诗歌，却用具体的事实来表现这个世界的面貌。然而无论是抽象的或具体的，它们都是客观世界的反映，使人们认识这世界原来是这个样子。

越正确反映现实的东西，也就越加强人们对于客观环境的关心。我们的科学家、文艺家，不论他们所用的手法是什么，只要在他们的作品中，客观地分析了或描写了今日的世界、今日的中国、敌人的进攻、国难的由来，自然可以激发了我们爱国爱民族的情绪，不必在作品上填满了国难、爱国、炸弹、救亡等字眼。

也许有人觉得爱国主义不算得是新启蒙运动的特点，因为不论在哪一次的思想运动中，爱国主义都有它的地位。洋务运动、维新运动，就是封建上层分子目击中国民族的危机所提出的改良政策，这是国难所引起的。辛亥革命时代的民族、民权、民生三大政策，也是创造者目击中日战争、庚子联军入京等国耻而发出的救亡呼声。“五四”文化运动的发生是由于中日外交的直接刺激，大概我们还记忆犹新的。新社会科学运动，也是反帝反封建的文化运动。检查一下百年来的文化思想史，都充满了爱国主义的气味。中国启蒙运动史，简直可以说是爱国主义文化史的别名。然而历史上的爱国主义与今日的爱国主义，实在有根本的不同点。张李康梁的目的在改良封建的政治机构，以加强对外的力量。辛亥革命以反满为它的直接目的。“五四运动”、新社会科学运动，也是以改革内政为民族解放的依归。可以说过去一切文化运动的直接目的，是对内而不是对外，由对内的改革以达对外的独立。如今事情却是两样。在敌人的直接猛烈侵略的处境之下，已没有自己改造的余地了。敌人要并吞整个中国，不论什么阶级人等，都是他们的征服对象。从前守中立的资本势力、与敌人同流合污的封建残余，也不能逃出这一场劫难。全民族今日所普遍受到的是生与死的威胁。在生与死的最后交界线中，我们要考虑民族的自觉。我们倘不万众一心，团结御侮，抵抗强权，唯有全体灭亡。我们只有走上爱国主义的一途，此外再没有第二条路可走了。

> 当着目前民族大破灭危机的前面，哲学上的争斗，应该和一般的人民争斗结合起来。我们应该组织哲学上的争斗，应该组织哲学上的救亡民主的大联合，应该发动一个大规模的新启蒙运动。（陈伯达：《哲学的国防动员》，二十五年九月十日《读书生活》四五三页）

这是以爱国主义为直接的主要内容的文化运动。这一运动的发生，是由于敌人的猛烈的新的进攻的刺激，是由于亡国的危机的迫切，是由于民族敌人不但要灭我们的国家，而且正在用种种方法想毁灭我们的文化，使我们在文化上也成为他的奴隶。（艾思奇：《中国目前的文化运动》，二十五年五月十一日《生活星期刊》二二二页）

现在我们的文化任务，在上面已经约略提到，是彻底解放我们全民族同胞的头脑，使大家明了国难及自己的前途，并且共同来解决国难，创造自己的前途。（柳湜：《国难与文化》六五页，二十六年三月十六日出版）

这些互相启发互有补充的话，是由三种文献中引来的。陈艾柳诸先生先后一致地都说国难产生了新的文化运动，而新的文化运动又以解除国难，以爱国主义为依归。

一提起爱国主义，碰着了极左方面的两种有趣的反响。极左方面的人的头脑里只填满了公式，一遇事情，只拿出千篇一律的公式来作尺度。不问此时此地，只问公式条文。于是公式主义的应用往往得出了许多光怪陆离的结论。也许他们存心来作分裂运动，见了全民族的统一运动逐渐完成，见了如火如荼的救亡抗敌，就慌张起来，于是拿着公式来变动中的世界。于是骂新启蒙运动者为社会爱国主义者，为新国粹主义者。

又有少数性急青年，被一些“美丽的或虚无的幻想”所迷惑，他们所留恋的是虚无的理论，他们所追求的是美丽的幻梦，他们所要求的是社会主义。他们自命为一个纯正的国际主义者。不过他们的头脑实在太天真了，他们的理论实在太单纯了，他们见了人们提起爱国主义、民族主义，仿佛就以为是什么铁铸成的大错，是什么弥天的罪恶了。

我们让极左派喊“社会爱国派”罢。历史是最好的审判者，判断谁的是非曲直。社会爱国派是在大战中革命派所赐予第二国际保守干部的嘉名。他们向国内民众鼓吹保护的祖国，并不是多数国民的国家，而只是少数金融资本家对内对外执行保守政策的机构。在大战中，竟有他们这班英雄出来仗义执言，是十九世纪资本主义和平发展的结果。在那时候，国内的第四身份，未结成钢铁般的力量，而金融资本，从殖民地的超经济压迫中得了不少额外利润。他们就分出利润的一小部分，来吸收一部分产业贵族，同时又指挥他们鼓吹改良主义，鼓吹劳资的共荣共存，鼓吹保护祖国。保护帝国主义的祖国，是没有意义的。拥护一个侵略者来抵抗另一个侵略者，以暴易暴，也是没有意义的。我们的爱国主义运动，目的可说与第一次大战中的爱国主义，完全两样。我们的祖国是全民族的国家，这个民族国家，遭着敌人的猛烈进攻已处在灭亡的危境了。我们要从死亡线上，杀出一条活路。我们为着拥护全民族的利益而抵抗强权，为着保护多数人的生存权利而抗战。一是自私的，一是自存的；一是助纣为虐，一是争取生存；一是为少数人当炮灰，一是为自己作光荣的抗战。有眼睛的人，谁不会分辨这个差别。公式主义的“历史观”，真是以一块黑布包了眼睛，而不懂此时此地的瞎说。

纯洁性急的青年们，只迷恋着美丽的幻想。他们相信自己的理想是可以不择手段，不支出任何代价就可得的。人们不妨悬着国际主义，当作一个目标。但他们应知道此时此地的出发点。中国在此时此地要解除的第一是国难，第二是国难，第三也是国难。在这时候，如果我们只对最高理想作迷信的追求，而放弃现实的抗争，放弃达到理想的现实抗争，一味作亭子的左派神化，这是一件如何天大滑稽的事！

而且生在半殖民地国家而那国家又刚在生与死的歧途上，那国家的人们越要爱国，爱国的情绪越高涨，他们就越要反帝，反帝的行动越炽烈。我可以说，他们是爱国主义者，同时又是国际主义者。参加爱国运动就是实现国际主义的阶梯。这两种人格，在我们中国人中是不可分的。

在亭子间等待光明，在天空中唱高调的人，对于现实到底是没有补益的。

二、新启蒙运动是文化思想上的自由主义运动

目前国内环境已逐渐踏上一个新的方向，中国显然已经不是六年前“九一八”时代的中国了，不是两年前华北事件时代的中国了，也不是一年前两广事变时代的中国了。这几年来全国所要求的和平统一原则已得到实现，民主主义运动又成为目前主要的政治潮流。然而和平统一原则的实现，只不过在消极上保存国力，大家枪口一致对外，不要损害一丝一毫的民族力量。但在积极上仍须用最有效的方法来运用这潜在的国力。民主政府民主宪法的实现，是不可少的条件。只有民主的政府民主的宪法，才能集中全国的人力物力，在共通的目标下，为国家民族流着最后的一滴血。

与政治上的民主运动相呼应的，又有文化思想上的新启蒙运动。这两个主要潮流无疑的在不久的将来，起着交流的作用，而汇成抗敌救亡的巨浪。政治上的民主主义运动，是汇合全国的人力物力为祖国的危亡而奋斗，随它而来的文化上的新启蒙运动，却让各派思想自由存在，自由发展，尽量发挥它们固有的智能作用。民主政府与思想自

由可以说就是目前抗敌救亡中相互为用的两座支柱。

陈伯达在《认识月刊》上所发表的《再论新启蒙运动》，副题《思想的自由与自由的思想》，可说以很敏锐的眼光，来观察文化上的当前问题。他说：

> 我们所提出的新启蒙运动，其内容总括来说，就是思想的自由与自由的思想。（十九页）

前半句话就是我所说的文化思想上自由主义运动。他再下解释道：

> 所谓思想的自由，就是说应该废止思想上外来的权威，思想应该从外来的权威独立起来，一切关于思想上的外来镣铐（物质的镣铐），都不应存在。（十九页）

自由二字，会引起一部分人的误解。思想自由，并不是说封建思想、汉奸思想、颓废思想也有自由存在、自由发展的机会。不是的。我上文说过新启蒙运动的终极目的是反对异民族的侵略，争取祖国的独立自由。在这最高的目标之下，与它不两立的思想当然不能让它自由生存、自由发展。这里就划出了思想自由的界限，就是凡是文化思想在终极的效果上有利于民族，能够提高民族力量，对于抗敌救亡有一点一滴的贡献的，都应当许可它自由存在、自由发展。但有些思想家显然是抹煞了曲解了思想自由的意义。朱光潜教授的思想自由说，不是左，也不是右，右不好，左不好，白是坏的，红的更坏。所以他的所谓思想是超乎左右之上的不可知的东西。朱先生不愧是康德教授的高足。他的尊师康德教授以为世界是不可知的，而朱教授也袭了先生的学说，说目前思想自由的对象，也是不可知的，所以他的思想自由说只剩下一种研究的方法："自由研究与自由讨论"。

陶希圣先生的网开三面说，也是对于思想自由的不平凡的曲解。陶先生的不平凡的曲解在这一点上，他根本抹煞了思想自由的能动性，以为它是由外来的权威所施的恩惠，思想自由本身丝毫没有争取的意义，只要有一天，权威者放下屠刀，大开方便之门，自由民主就可以不劳而获的了。

然而思想自由，并不是说"你对，我对，他对，大家都对"，也不是说"你不对，我不对，他不对，但是大家混在一起，烧成一碗五花八门的烩汤就是对的了"。所谓杯酒联欢，一团和气，是当作一种待人的态度看，并没有什么不对。不然，以它为寻求真理的方法，那是要不得的。思想自由，除了在救国第一的旗帜下，让大家自由，各有一长的，都贡献出他的长处之外，是自由研究，自由发表，自由批判，自由论争。我有唯生史观的方法，你有实验主义的方法，他又有唯物辩证法的方法，还有二元论的方法。好！大家不必强求一致。你不应无条件地否定我，我也不应用什么来作后盾压死了你。大家尽管尽了自己最善的努力，来活泼地研究，得了什么结论，就发表出来。仁者见仁，智者见智，戴了蓝色眼镜的人，所见的都是蓝色的东西。大家认为结论不一致，见解不尽同，不妨老老实实地坦坦白白地提出意见，什么是对，什么是不对。不一定对方的批评是天经地义。也许他只说了一半对，一半不对，或者全对，或者全不对，于是在批评之后，又来了论争。大家都应拿出货色来。你说人家不对，为什么不对，他不服输你的批评，有什么理由不服输。大家要作全面的观察，也要作一深刻的反省。只要大家是服从真理，经过了研究、发表、批评、论争之后，是可能与真理逐渐接近的。

一提起自由批判、自由论争，有一部分人不免要吃了一大惊。他们大概习染了过去思想界的作风太深的缘因罢，生怕批评论争，会妨碍着统一，见解的并立，会引起纠纷，究不如为息事宁人计，主张放弃立场来求统一。甚至有人害怕彼此相持，谁也不肯放弃自己的立场，会形成对抗的形势，顶好是祈求权威者出来，请它消灭思想的对立。

我以为这是杞人忧天的标本。一点也不错，事实上谁也不肯无条件地放弃自己的立场。可是权威者的统制，到底也必定枉费精神，因为思想的磨擦是社会磨擦在文化上的反映，不取消社会的磨擦，思想上的磨擦是永远存在的。同时，外来的威胁，如果可以统制思想，中国的秦始皇，法国的拿破仑，俄国的沙皇，怕也不作历史上被咒诅的对象了。我们不怕各派思想的磨擦，因为各派虽互相磨擦着，但也有共处一堂各得其所的共通要求。批评论争就要为了求最低限度的一致，因为一种正确的主张，一个合理的结论，是经过许多人的研究论争才得到的。只有批评与论争，是非曲直方才大白于天下。所以问题不在于论争问题，这是不成问题的问题，问题却在于批评论争的态度。过去那种我代表真理，我就是真理的批评，那种自己是百分之百的正确，而别人都是百分之百的武断态度，是要不得的。如果我们的批判是诚恳的，而不是虚伪的，是友谊的，而不是敌对的，是说服的，而不是骂倒的，是为了推动一派思想或思想家向前迈进，而不是排斥了它或他，冲突是可以避免的。

再从批判者论争者这方面来看，批评论争的意义更来得重要。某一种思想虽然含有否定的种子而被批评，但它未必没有半点肯定的要素。不说有一点，而只说有半点，批评者也应该虚心加以接受。没有戊戌的维新思想，哪里有辛亥的三民政策，没有三民政策，哪里有“五四”文化运动，没有“五四”，又哪里有新社会科学运动，哪里有目前思想运动。没有康德，哪有黑格尔，没有黑格尔，哪有费尔巴哈，哪里有卡尔，哪里有伊里支。批评是扬弃的过程，积极的“扬”它，消极的“弃”它，经过一扬一弃，再来一个新的综合，相对真理是这样砌积起来接近绝对真理的。

话说到这里，我们可以谈谈思想运动的领导权了。思想运动的最高盟约是民族利益高于一切。大家一致对外，大家之间都有自由存在、自由发展的权利。既然如此，思想运动的领导权问题是否存在，是否需要某派思想推动其他思想前进？领导权是存在的。历史上无论哪一次联合阵线的抗争，是少不了领导的作用的。古今中外，都没有例外。可是领导权虽然事实上存在，但在目前中国实际环境中，却用不着大家作无谓的争取。国民是服从真理，并不是服从权威，谁的思想最接近真理，谁在民族抗争的过程中，尽了最大的努力，证明了他们的思想体系最接近真理，自然而然的，它最有资格去领导群伦。我们不必疑虑，谁居着推动的地位。在思想自由的天地里，谁都有这个资格。最要紧的是各人要时常反省，我是否已尽了最高限度的努力，在抗战中我是不是最活泼的战士。大家不必强求领导权，更不必作无谓的争夺。“拿出货色来”，这话到此地是值得每一个人作深刻的反省的。大家都应参加自由竞赛。在这个自由市场上，制作最坚实的货色。我们应在竞赛中，出人头地，不必在等待中企图定于一尊。然而所谓自由市场、自由竞赛，只是一个权宜的名词，与商品市场上竞赛是不同的。因为在商品的市场上，是喊着：“前进呀，不前进就被淘汰了！”在目前思想自由竞赛中，口号都含有别的内容：“大家前进罢！大家共同携手前进罢！”所以前一种竞争是排他的、独断的，而后一种竞赛却是友爱的、扶助的。你认识不足，好，我来，我来提携你。这是真正的共存共荣的竞赛。在此时此地，大家的气力虽然也有强弱高下，一等二等的差别，但大家都是战斗的一员，即使有人在领导着，有人在后边跟着跑，冲突也是可以避免的。

到此时候，我们不必如此悲观，如此消极，以为那个人的“脑子爱红爱白，我们可以不管”。他们可有自由选择，选择为什么不爱红而爱白，或不爱白而爱红。但大家要记住：这个自由选择的能力，是由自由竞赛中来的。

三、新启蒙运动是理性运动

目前问题讨论到思想运动的核心来了。新启蒙运动是以“抗敌第一”为前提，让各派思想自由存在自由发展。话说到这里，问题只说了一半，还剩下更重要的一半未说出来，那一半就是以爱国主义为内容的各派思想应该做些什么。这一点，张申府先生说是理性运动，陈伯达先生说它是自由的思想。

> 这个启蒙运动必是理性运动。必然要反对冲动，裁抑感情，而发扬理性。不迷信、不武断、不盲从，应该只是这个运动的消极内容。积极方面应该更认真地宣传科学法，实践科学法。（张申府：《“五四”纪念与新启蒙运动》，《认识月刊》创刊号六六页）
>
> 凡是启蒙运动都必有三个特性。一是理性的主宰；二是思想的解放；三是新知识新思想的普及。
>
> 因为这样子，所以凡是启蒙运动必然反迷信、反武断、反盲从、反权威、反传统。而历史上的启蒙运动尤其在于反封建。也可以说，武断、独断、垄断，都是启蒙运动所必反。（张申府：《什么是新启蒙运动》）

所谓自由的思想，就是说应该唤起每人的自觉，每人应当思想，都应当对于所遇见的任何事物，从事批评，每人都应当重新估量一切，都应当摆脱传统思想的束缚（精神的镣铐），从事发现自己的真理。（陈伯达：《再论新启蒙运动前志》二二页）

对于这一点，我们可以叫它作理性运动，叫它作三反运动，或叫它作自由的思想。说它是理性运动，是强调思想的积极面。每个人都要有理性，都应运用思想方法，不应感情用事，常起冲动。想一个问题，做一桩事情，都应该问为什么要这样。不盲从、不迷信、不武断，有理性、有思想、有头脑。说它是三反运动，是强调思想的消极面，凡有复古、偏见、武断、盲从、迷信、因袭这一类非理性的“思想”，都要在理性的审判台下被看作不合理的东西。对于一切，都要重新估量它的价值，即是胡适所说重新估量一切价值与还它的本来面目。说它是自由的思想，是强调人们要活泼地思想。每个人都应有思想，对人对事都应批判，自己也有勇气接受人的批判。我为什么这样糊涂喝醉了酒，同张大打起架来？为什么这样糊涂又陪张大李四王三打牌？我们为什么要求和平统一？为什么要求实现民主政治？为什么要作新启蒙运动？为什么我要这样不那样？为什么要这样做，不那样做？对于一切生活，都应当回答一个“为什么”。

朱光潜教授说只有信仰，没有思想是“中国思想的危机”。信仰与思想，在朱光潜先生看来，显然是永远不相容的东西。但事实并不如此。有时代意义的思想，必然会鼓动人们的热情，引起人们的信仰，推动人们的实践。朱光潜先生的看法是错了。不过中国的确存在着思想的危机，那就是如陈伯达所说：“理智被看成陈腐，武断、盲从被当成新奇。”

我们是有眼睛的人，试睁开眼睛，看看中国大多数国民所过的精神生活，是什么样子。“五四”文化运动的主要任务，可说是反对儒教，提倡理性。然而那时离经叛道的首领如陈仲甫、吴虞、胡适、鲁迅、钱玄同等都有一个共通的缺点，就是大家缺少了历史的眼光。我们只看见他们痛骂儒学是虚伪是残忍，痛骂史籍是“大民贼的家谱”，是“小民贼杀人放火的账簿”；殊不知儒学的产生，固有社会的根据，数千年儒学能够定于一尊，也有社会的根据，民国革命以后，儒学的复活，也有社会的根据。对这社会的根据，必具有历史的眼光才能作准确的估价，所以“五四”的反孔教运动，除在少数知识分子中，种下了革命的种子以外，可说与大多数民众不相干。国民革命时代，人们热衷于光与热的追求，对于文化思想问题，采着可有可无、不即不离的态度。新社会科学运动时代，也热衷于输入新社会科学体系，并且那时有人喊“五四”时代已死了，所以大家觉得反孔教的工作是一件次要又次要的事。平心论事，过去对于遗害无穷的儒学，的确未曾作过一次有力的评判，来一个根本的扬弃。到了现在，中国思想运动显然患着早熟病。

> 今日中国的思想阵线，真的左派并不真的是大多数，真正新式的右派，更是少数的少数，最大多数的，是可左可右的老百姓。他们还在封建的残梦里。今日中国出现的思想斗争，如果单从数量来说，那只是少数和少数的斗争，大多数并未参加。（《国难与文化》，六五至六六页）

这几句话的确道破了目前中国思想界的病根。过去在思想阵线中，的确只有不两立的两派的斗争，的确只有最少数与最少数的抗争，而大多数老百姓，都在封建思想的残垒中过着他们的愚昧、盲从、迷信的生活。我们谈唯物的人生观，老百姓却信天信命，我们研究唯物辩证法，老百姓却迷信《太上感应篇》，我们写《子夜》，老百姓却读

《封神榜》。思想既有这样的悬殊，而启蒙运动者又放弃了最大多数人的精神生活不顾。于是敌人就乘虚而入，利用中国固有的传统思想，作奴役老百姓的有力工具。我们放走了思想上最主要的敌人，放弃了万千群众，这一思想的不平衡，恐怕是没有伦比的罢。

你看，“满洲国”明明是黑暗的世界，而我们的芳邻及其应声虫，却宣扬此地为“王道乐土”。敌人明明白白是我们的吸血鬼，在我们的骸骨上建筑起军阀财阀的战场，而郑孝胥却说“夷狄之进于中国者，则中国之”。在“满洲国”是提倡复古，表彰孝子、烈女，而大江南北，读经、敬老、复古、尊孔、崇佛，差不多是一些无知的绅商，一方面麻醉自己，一方面愚蒙民众的把戏。班禅太虚法师的灵坛，与敌人在内地所建的佛寺，相映成对。我们挨打已忍无可忍，但还有人提倡逆来顺受的奴隶信条。思想犯罪，救国犯罪，歌唱也犯罪。敌人叫我们修改教科书，要我们取消爱国文化运动，禁止我们上演有爱国性的旧戏，并且亲自出马替我们宣传孔教，宣传佛法。

总之，敌人用最新式的轰炸机、坦克车、机关枪、大炮，杀死了我们的肉体还不够，又用掩耳盗铃的方法，成立傀儡政府，用离间手段，分裂地方政权还不够，明目张胆地没收我们的生产机关，没收我们的土地，开发我们的富源，以完成战时经济体制也还不够，他们并且利用我们的封建思想的残滓，恶化我们的头脑蒙蔽我们的眼睛，使我们安分守己，听天由命。这是最危险的杀人不见血的阴谋。以毒攻毒，以牙还牙，我们半点也不能等待。我们在政治上，一点也不应放弃要求和平统一，要求民主政治；在经济上，也一点不应放松巩固国防，改善民生；在文化思想上，更一丝一毫不能松懒布置一个空前广大和深入的全民族思想解放运动，一个包括过去一切启蒙运动的积极要素的新启蒙运动。

> 我们必须唤起全民族自我的醒觉。……我们反对异民族的奴役，反对旧礼教，反对复古，反对武断，反对盲从，反对迷信，反对一切愚民政策。(《论新启蒙运动》,《新世纪》一卷二期十五页)
>
> 我们的新启蒙运动，是要把四万万同胞，从复古、迷信、盲从的愚昧精神生活中唤醒起来，要使四万万同胞过着有文化，有理性的，光明的独立的精神生活。(《再论新启蒙运动》,《认识月刊》创刊号二二页)

这就是由右方来的最有害最丑恶的武断、独断和垄断了。然而非理性的思想，不仅来自右方。不根据事实，只滥用公式，或毫无根据而死守着自己的偏见，这种独断，也是目前思想运动中一个顽强的毒瘤。

在国难中，在民族危机中，民族利益是高于一切的。全国上下，团结御侮，是民族利益高于一切的具体表现。从前失了民族自信心的人，现已改变了或正在改变着态度；缺乏民族自信心的人，现在已渐渐坚定起来；向来孤军奋斗的人，现在也要求一切可能友军，共赴国难。也是民族利益高于一切的具体表现。在民族到了生与死的最后关头，“四万五千万人只有一条心，就是实行全民族抗战，反对侵略，收复失地”。那大道理有不难了解的。但是左方独断者，公式主义者，都举出“经济性”这三个字，以为甲因为经济关系不能爱国，乙因为经济关系也不能爱国，说了一大篇。公式也许是对的，但他们却放走了许多有力的分子在爱国阵线之外。和平统一明明是国难所促成，因为整个民族的生存权在风雨飘摇之中，不论你是什么人，过去有过什么仇恨，也不能不在大敌当前的处境下，杯酒释嫌了。可惜某些独断的人，偏要执迷不悟，把统一运动，看作是资本主义发展的一种社会运动，看作是由封建制转为资本制的过渡形式。以一个公式来读历史，曲解了人力聚合离散的基础，那是公式主义，那是独断。

我们要提防的不仅是右方散布出来的独断，尤须警戒

“左”方散布出来的似是而非的独断。右方的独断是容易分辨出来，“左”方的独断外貌上虽然装作很前进的样子，而骨子却干着挂羊头卖狗肉的勾当。一般爱找兴奋刺激的青年，一般饥不择食的青年，很容易吃了这些扒手的亏。为要提醒他们，谨防扒手，最好的方法，也只有要“反对冲动，裁抑感情而发挥理性”罢了。

“理性的第一要点是说话做事要有根有据，而所谓有根有据，第一在事实，第二在逻辑。”

四、新启蒙运动是创造现代中国新文化的运动

现在中国存在着许多派思想体系，实验主义、唯生论、唯物辩证法等等。在思想自由的旗帜下，各派都是爱国阵线中的一个构成要素，大家都应当尽最大限度的努力，为抗敌救亡的大目标，分头努力干去。当然各有各的效用，谁也少不了谁。然而并不是说有三派思想，各派就把文化的使命，负起三分之一，有四派思想，各派就负起四分之一。虽然各派有各派的力量，在变动不居的现实环境中，可随时随地努力干去，但是各派的努力，不一定产生同等的效果。因为各派思想，都有自己的方法，方法不同，看法不同，结论难望一致，效果也就参差不齐的了。因此必须展开友谊的、坦白的、真诚的批评论争。对救亡政策，

不论是关系国家安危的国策，或是一点小小的建设，要是发现了意见的不一致，大家就要作严正公平的批评。看错的人，未必对一切都看错了，也许含有真理的种子。正确的立场，经过了论争，对于反对者加以扬弃以后，自己的主张一定是更加丰富，更加妥当。大家都以真理为实践的依归，分头努力发现最妥善的结论，使思想界的步调行动，完全统一起来，共同反对独断，反对盲从，反对因袭，反对公式，反对包办，即是由思想的自由达到自由的思想。

毫无疑义地，中国过去的启蒙运动对于独断思想的批判，实在是太不够了。在经济学上，在哲学上，在历史学上，在文艺学上，都同样表现出这共通的缺点。“五四”时代对于儒学的批判，只留下这一点的影响，即是在青天白日之下，揭破了“国愿”的罪恶，使人们对于儒学采着仇视的态度。然而儒学在中国思想界盘据了几千年，深深地刻在人人的脑里，不是用几句过激的话可能骂倒。要是缺了历史的批评眼光，是不会给儒教以一个最后的打击的。“五四”以来，在思想运动史上一时起了推动作用的朴素唯物论或实验主义，时时刻刻露出了马脚，表现出它不能担负起重新估量一切价值的使命。对于中国思想史、中国启蒙运动史、中国思想家的学说，我们只有胡适的《中国哲学史大纲》、冯友兰的《中国哲学史》。这只可以说是悬荒工作中最初的一锄，离我们的理想目标还远。虽然也有宋儒学案、明儒学案、清儒学案之类的东西，但也只可做一种参考。要完成这些艰巨的整理评判工作，非锻炼最犀利的方法，展开蓬蓬勃勃的自由论争不可。

中国社会性质与社会史的论战，是一九二七年以后出现的。当时在战场上纵横驰骋的方法，只有一个，就是新哲学方法论。这清一色的现象，是有当时的缘因的。那时敢睁大眼睛直视中国社会运动分析研究中国社会构成的，只有新方法论的创造者。虽然如此，主观上各人都自许为新方法论者，客观上却不一定每个人所贩卖的东西，都是货真价实，童叟无欺。有些是机械论者，有些是观念论者。这一次思想界的大论战，对于目前中国社会运动，提供了一个有力的理论根据。过去中国是什么社会，现代中国是什么社会，我们应该做些什么，这些我们已有了正确的认识了。不过这一次论争，只在方法论上得着一个粗枝大叶的结论，到现在也还没有人根据丰富的材料，作全面的概括。"一直到现在，我们还没有关于中国社会史的伟大著作。一直到现在，我们还没有关于现代中国经济学的伟大著作。"

老实说，中国意识地踏上启蒙运动的道路，也不过二十年的光景。在这二十年中，我们曾批判过儒学，曾鼓吹过文学革命，曾作过人生观的论争，曾作过社会史的论争，也曾作过科学方法论的论争。人家一百年才经过的思想过程，我们在一二十年中完成。然而正因为时间过短而表现出思想的早熟病。不论对于什么问题，只作粗枝大叶的探讨，作跑马看花的观察，所以肤浅、笼统、皮相，是免不了的。

现在是我们重新估量中国文化，估量西洋文化，深入研究，深入批评的时代了。中国社会运动史上的许多现象，是过去或今日的欧美社会所没有的。对于社会运动性质，对于统一救亡运动，对于思想史，对于历史的研究，不只要应用新方法论才能洞察它的秘密，并且可能更加丰富更加光大方法论的内容。中国历史的重见天日，可以充实历史体系，中国经济理论的完成，可以补足广义经济学的某个空格。凡此种种都是创造现代中国新文化的最可宝贵的要素。

一百年来中国思想史上，我们有康有为、谭嗣同、梁启超、章太炎、孙中山、陈仲甫、胡适之、吴虞、王国维、丁文江、顾颉刚、郭沫若等人物。有些是政治家、社会运动家，他们曾发挥过天才的政论。有些是国故整理家，曾整理过中国思想史。有些是历史家，也曾整理过中国社会史。他们一方面保存着中国文化史上最精良的传统，一方面又接受西洋文化的最新成果。他们扬弃旧的文化、接受新的文化，应用最新的文化成果来整理批判旧的思想、旧的传统，同时又发扬光大新文化体系。这是创造中国新文化，同时又创造世界新文化的模范。

> 如果说“五四运动”引起一个新文化运动，则这个新启蒙运动应该是一个真正的新的文化运动。所要造的文化，不应该只是毁弃中国传统文化，而接受外来西洋文化。当然更不应是固守中国文化，而拒斥西洋文化。乃应该是各种现有文化的一种辩证的或有机的综合。一种真正新的文化的产生，照例是由两种不同文化的结合。一种异文化（或说文明）的移植，不合乎本地的土壤，是不会生长的。(《“五四”纪念与新启蒙运动》,《认识月刊》六六页）

五、新启蒙运动与哲学家

在神圣的民族抗战中，文化的任务、性质及其运动的方向，这些基本的认识，我们已反复说过。但至今日，民族抗战已不是一个可能问题，也不是一个遥远的问题，全面抗战已是一个眼前十万火急的问题了。我们的抗战，是有计划的、有组织的抗战，只有有计划有组织的抗战，才能予打击者以打击。因此，我们要问：我们经济国防、民生改善已实现了多少；我们的政治国防、民主宪法，又实现了多少；再说到文化运动方面，我们的文化是如何对敌人作战。关于这后一个问题，我们已指出了新启蒙运动是承继一向的启蒙传统，唤醒在迷梦中的大多数同胞，提高民族的意识；换一句话说，目前文化运动必须是民族抗战的环节，推动抗战向前迈进。但我们的认识，不只停留在文化思想运动的基本认识上，而必须深一层来找寻文化运动的方法，找寻什么方法来达到全民族的自我醒觉。

可惜有一部分思想家，对于启蒙运动，到现在还采着漠然或轻视的态度。这不关心或轻视，在目前环境的移动中，是可以渐趋于一致的。更可惜是新启蒙运动的推动者，对于这运动的研究论辩，只限于他本身的性质。说到启蒙运动在社会科学方面或文艺方面的应用，可说是绝无仅有。要想知道新启蒙运动的方法，对于它的本质，当然先要有根本的认识，然而在性质问题已开始了热烈的讨论，而且逐渐得着一致的见解的时候，对于方法问题就非我们集中精神来找出一个答案不可。

我想提出我个人的见解，企图讨论的中心点，由性质问题转到方法问题。但为行文的方便计，我先用几句话概括一下目前文化思想运动本身性质问题。以爱国主义为目的，以自由主义为方法，来提倡理性思想，而达到建立现代中国新文化的，就是新启蒙运动的信条与目标。这信条与目标，不过是思想运动的总方向。在这总方向之下，哲学家、经济学家、历史科学家，必须在他们自己的领域内，来实现这信条，完成这目标，才不致空喊，空谈，乱动。

现在我先从哲学说起。一提起哲学，许多人的心里必起了反感，因为有不少人认为哲学与实际生活是不相干的，以为哲学是玄谈，是空谈，是玩意儿。然而哲学并不是莫测高深的冥想，而是人们日常生活中的思想方法与行动方法。哲学虽是一种方法，但我们不能单单记着几个死的公式，就可以观察或预见一切事情，可以应付或改造环境，而必须把这一方法或大道理，应用于中国社会实际生活的各方面。西欧第三等级的实践，发扬了唯物论；第四等级的实践，完成了新哲学体系；俄国第四等级的实践，又给这一体系提供了许多新的内容，把这体系，提高到一个新的阶段上。目前中国社会的变革，特别是四五年来中国社会经济构成的变化，社会各种集团的动向，出现了欧美社会所未见未闻的现象。这些无疑的只有在哲学的烛光之下，才能照出它的原形。近一百年来，中国思想的演进史，一方面可以反映着中国社会的变迁，他方面又可以作中华民族自我醒觉的标帜；同时，自秦以至鸦片战争前中国文化思想的停滞，是中国封建社会停滞的反映。这一切也只有应用高级的思维方法，才能重新估量它的价值，还它的本来面目。中国社会的变革，赋予我们思想家的责任实在太大了。我们应知道自己所负的任务重大，拿出最强的决心，来尽一丝一毫的努力。

在过去的二十年中，哲学界的贡献，显然是非常有限的。“五四”启蒙运动以后，朴素的机械论，又居了支配的地位。一九二七年以来，新哲学是登场了。但那时只偏重哲学原理的输入，而所翻译的书，也只有几本古典著作，和几本以机械论或观念论的观点所写的入门。这几年来，国际上最良好的读物，已渐渐有中译本，有一部分思想家，也开始做通俗化的工作了。不过大家翻来覆去，仍跳不出原理原则的圈子里。几年来中国社会的实践，反映在哲学论作中的从来就没有多少。中国思想史（不论鸦片战争以前，而只说张李洋务运动，康梁维新启蒙运动以后的思想史），始终没有人有系统地加以整理与批判。武断、独断、垄断的思想，变了敌人与汉奸麻醉良善的中华民族子孙的精神武器。对于欧美启蒙运动史，各个启蒙运动家的思想及其生平，也好像漠不关心似的。见了思想界的荒芜状态，有时我们不禁叹着：“我们的思想家躲在什么地方？”

目前是我们的思想家发挥能力的时代了。各派思想家应该拿出他们最锐利的思想武器，来解剖六年来民主要素中间的微妙关系，指示我们未来的光明大道，使我们抓住现在，追求未来。他们尤须下最大决心，分工合作，来整理批判中国思想史。启蒙运动史更为重要，因为这一段血泪交流的史迹，是我们最优秀的黄帝子孙，不顾艰难辛苦，冲破一切罗网，振起我们爱国爱民族的精神的最光荣的一页。西方哲人，不论是启蒙运动的先觉者倍根、霍布斯、笛卡儿、斯宾诺沙，不论是法兰西唯物论者狄德罗、拉梅特里，或是德意志古典哲学者康德、黑格尔、费尔巴哈，以至近代哲人卡尔、恩格斯、伊里支，他们各个人的思想体系及其学说的演变，更需要我们全国各派的思想家的专门研究与学习。

我相信只有这样做，方才达到“思想的自由与自发”，达到“民族的自觉与自信”。只有这样做，方才达到“思想的自由与自由的思想”。

等到四万五千万国民，从复古、偏见、武断、迷信、因袭的迷梦中解放出来，等到各派思想家由自由研究自由批评中找着了真理，那时候我们既团结了拯救我们在危亡中的祖国的活力，同时又建立了我们现代中国新文化的基础了。

六、新启蒙运动与经济学家

小时读古文读至“射人先射马，擒贼先擒王”这句警句，心里很受了些感动。这句话能够打动了我的心灵，使我到现在还记忆在脑里，我想大有道理。因为这十个字给我们以一个有力的暗示：做事应从基础做起，认识应从根本着眼。其实这也是很平凡的道理。但正因为是平凡，人们在思想中，在行动中，常常放过它，不依着这个道理去做，因此往往颠倒本末，反果为因，也不自觉。我以为做文化运动的人，应记着这一点。如果启蒙运动的根本任务，是在于唤醒全国同胞，怎样去认识中国社会，推动他们怎样再造中国社会，我想经济学是公民常识必修科的第一课。

经济学这门学问，在欧美社会，经过了第三第四等级的实践和自我批评已成了社会科学中一门主要的学问了。这门学问的基本概念是说：人类社会的生产必须具备两种条件，（一）劳动力（人力）与（二）生产手段（物材和工具），必须这两种条件结合起来，生产方有实在性。生产是历史的，每个时代都有那时代的特点。要是那两个条件统一在生产者身上的时候，生产与分配是一致，反之，生产者与生产手段分离的时候，生产与分配，也发生分离，社会就有不平等的现象了。譬如在原始社会里，生产手段是生产者的共有，那时大家如兄如弟地工作着，又以大家的血汗所换来的代价，共同分配。到了奴隶社会，生产手段是奴主的私产，连生产者（奴隶）本身的人格，也是他们的所有，那时奴隶整天辛苦而毫无所得，也是必然的结果。封建社会又不同了，生产者有壮大的体力，也有粗陋的工具，只没有农业社会所不可缺少的基本条件——土地，于是农民不得不把生产的剩余部分，奉献给地主。到了市民社会，劳动者完全失掉了生产手段，靠出卖劳动力，得些微工钱，以维持劳动力的再生产，而一切剩余劳动，都落在企业者的腰包里去了。

所以要认识一个社会，必先认识它的生产方法或生产关系。认识了这一点，方才知道某个社会中人与人间的磨擦作用，提出各式各样的医治方案来。

中国是什么社会？从社会构成的性质看，中国社会不是封建社会，因为封建制度已经瓦解了，只有封建势力却还存在；也不是资本主义社会，因为虽有资本主义的要素，但不能占领导的地位。在另一方面，帝国主义的势力在社会经济中又居着左右全局的作用，土著政治机构，只有半独立的性质。在这个社会，你看，真有万花撩乱的现象，稍不经意，是看不出它的究竟的。从社会发展的倾向看，是由封建社会进入资本主义社会的过渡期，但这个过渡期，因有民族的与国内旧制的压迫，却非常艰苦，应死的不急死去，应长的却很难生长。所以人们要叫它是半殖民地化的半封建社会。

我们做新启蒙运动的经济学者，应当认清楚他们的文化任务，在于使全国国民认识中国社会的构成及其运动的规律性。

在经济学上，近五六年来对于入门书的翻译，的确也曾努力过。所以德国人、俄国人、日本人所写的经济学入门书，中国也有不少的译本。拉比托斯的《经济学教程》，第六版、第七版、第八版，都有一两种译本，而且每种译本，都博得青年读书界的热烈欢迎。经济学的经典，虽还未有全译，但已有好几个人准备完成这艰巨的工作了。

经济学理论的输入，应该继续深入化和广泛化的工作。我说要深入化，是说我们不仅要翻译几本入门书，同时更应该有计划地翻译古典经济名著。一部《剩余价值学说史》，可说是西方经济学者自我批判的历史。由亚当·斯密、李卡图至卡尔及其后继者，其中经济学说的变迁，不仅是几个思想家的学说的演变，并且是西方第三第四等级对于现实的认识的演变。这一伟大的文化工作，是需要我们全国各派的思想家共同努力的。

在经济学界，足以称为空前盛举的，是中国社会性质的论争。这是一场有国际意义的论战，在中国，在苏联，在日本，代表各派思想体系的经济学家、哲学家、历史科学家，都出场参加。由一九二六年一直闹到现在，然后得了一个暂定的结论。

平心论事，从启蒙的效果上看，这确是社会科学中较活跃的一门。但我们不应当浅尝。对于现代中国社会，我们虽然已有了一个结论，可是怎样根据鸦片战争以后的史料，来证明充实这个结论，那还有待于将来的集体研究。更重要的是鸦片战争前后的中国，究竟是什么社会，可以说是问题的中心点。

我们不妨再发动一次经济问题的论战，重新估量七八年来的结论；同时各派专门研究经济的朋友，对于工业上农业上金融上财政上的特殊问题，应作深入研究，一丝一毫也不应放过；再加以综合的分析，写成中国资本主义发达史、中国工业论、中国农业论、中国金融资本论、中国财政论、中国社会构成论这一类的书。要这样才能达到经济学上的启蒙任务。

作为中国经济理论的今日课题的国防经济，是目前每个热心中国经济问题的朋友的主要对象。这几年来，敌人在军事上政治上经济上的压迫使我们民族经济的壁垒已支离破碎，使社会各集团，都渐渐改变对民族解放的态度。这一旋乾倒坤的转变，包含了许多复杂的理论问题；而这些问题又是国防经济的现实问题。有人提出“国家资本主义”这名词，作为经济建设的形式，也是与这问题有关的。

它能不能成立，要是能成立，又与中国的非资本主义的前途，有什么关系？最可注意的是有人单独从军事立场上来提出国防经济，抹煞了中国国防与民主政治、民生改善的一致性，机械地把德意模型，抄写过来。这一切，经济学者在理论上，在实际上，应当作准确的回答。

要是我们的经济学者，在自由研究自由批评论争中，逐渐与客观的真理相接近，使中国社会的本来面目，再现于人们的视听中，那时人们对于中国解放运动，必更加关心，而经济学方法论及其体系，同时也更加丰富了。